MARÍA JESÚS GIL DE ANTUÑANO

Cocina 100% microondas

punto de lectura

Título: Cocina 100% microondas

2009, Santillana Ediciones Generales, S.L.
Torrelaguna, 60. 28043 Madrid (España)
Teléfono 91 744 90 60
www.puntodelectura.com

ISBN: 978-84-663-2303-1
Depósito legal: B-9.461-2009
Impreso en España – Printed in Spain

Fotografías: Ángel Robledo
Dibujos: Roberto Carril

Impreso por Litografía Rosés, S.A.

Primera edición: abril 2009

MARÍA JESÚS GIL DE ANTUÑANO

Cocina 100% microondas

A mi equipo de cocina encabezado por Milady, excelente cocinera que año tras año nos sorprende a la hora de sentarnos a la mesa; a Beatriz, que controla los tiempos, rectifica y prueba; a Javi, siempre de buen humor mientras pica verduras de tamaño inverosímil, y de forma especial a Nacha, que delante del ordenador inventa y discurre, y que acude a la cocina cuando estamos agobiados. Por último quiero recordar a Marisa, quien calcula calorías, lleva las cuentas y repasa las recetas, resultándome imprescindible desde hace más de diez años.

A todos mi cariño y mi agradecimiento.

CONTENIDOS

PRÓLOGO

Es para mí, como cocinero y amante de la gastronomía, un verdadero honor y orgullo que mi amiga María Jesús Gil de Antuñano me haya pedido el prólogo de este libro, en especial porque aprecio la labor que María Jesús ha hecho y está haciendo por y para la cocina en nuestro país. En mi opinión, este libro será de gran ayuda no sólo para las personas que cocinan en casa, sino también para los profesionales, ya que María Jesús tiene una probada experiencia y ha sabido reunir en sus trabajos tanto la vanguardia como la tradición.

Es el microondas, sin lugar a dudas, un gran avance para la cocina, y, en este aspecto, hay que felicitar a las empresas de maquinaria, que están haciendo un enorme esfuerzo para hacer evolucionar los utensilios de cocina —y no sólo los grandes aparatos industriales— con el objeto de hacer llegar al gran público tecnología que hasta hace relativamente poco tiempo no estaba a su alcance. Es un hecho que en la cocina moderna hay muchas técnicas nuevas que son irrealizables sin la ayuda de estos utensilios de nueva generación.

La imagen que mucha gente tiene del microondas es la de un aparato que únicamente sirve para calentar y descongelar. Evidentemente, y este utilísimo libro lo demuestra, esas son sólo algunas de sus aplicaciones, ya que con él se pueden hacer infinidad de elaboraciones, técnicas y cocciones: hervir verdura, pasta, pescados…; cocer guisos, salsas, cremas, frutas en jarabes…; confitar setas, aves, verduras; fundir chocolate, caramelo, mantequilla, quesos, atemperar ... Es, en definitiva, un comodín muy valioso en la cocina gracias a que ofrece la posibilidad de graduar de forma precisa y constante la temperatura y el tiempo de cocción.

En un plano más profesional, son sorprendentes las enormes ventajas que nos ofrece el microondas, aunque he de reconocer que, en mi restaurante, éramos al principio un poco reacios a introducirlo, ya que parecía que estaba mal visto: el microondas se podía usar en casa pero no en un restaurante.

Empezamos a utilizarlo sobre todo en la pastelería, en la que el fuego, la inducción o la vitrocerámica se usan en el 90% de las veces para calentar un jugo al que se va a añadir gelatina, o hervir la nata para una crema inglesa, o cocer unos melocotones en almíbar, etcétera. Actualmente, gran parte de las cosas que antes se elaboraban en la cocina, delante del fuego, ahora se hacen con el microondas; en realidad es casi como tener a una persona más en el equipo... salvando, claro está, las diferencias.

Hay en particular una técnica básica de pastelería para hacer bombones, monas de pascua y otros platos que es el «templado»: una vez fundido el chocolate, se trabaja a distintas temperaturas para que al solidificarse se quede crujiente y brillante. Pues bien, con la ayuda del microondas y la gran precisión que proporciona en el control tiempo y, sobre todo, de la temperatura, este laborioso proceso se hace mucho más fácil, rápido y accesible para cualquiera. Sólo hace falta, como en todo en la vida, un poco de practica y paciencia.

Este libro va dirigido a aquellas personas que no han entrado nunca en una cocina, o han entrado muy poco, y evidentemente a todos aquellos que, aun sabiendo cocinar, desean aprender todas las técnicas modernas a las que hoy todo el mundo tiene acceso. El microondas, con sus enormes posibilidades, es una de esas técnicas.

Estas palabras no son más que un resumen muy breve de lo que podrán descubrir en este libro, y sólo espero que puedan ustedes disfrutarlo y aprovecharlo como se merece.

Gracias, María Jesús, por todo lo que estás haciendo por la gastronomía.

FERRÁN ADRIÀ

PRESENTACIÓN

Cuando mi gran amigo y periodista José Ángel Cortés presentó mi anterior obra *El Libro de Cocina*, lo elogió diciendo que era casi completo, y, en la rueda de prensa que siguió a la presentación, cuando una periodista me preguntó por qué había surgido ese «casi», contesté, siendo consciente de que al libro le convenía una ampliación de la parte dedicada al microondas, que ese «casi» estaba justificado precisamente por esa posible mejora. Así pues, aprovechando el año que llevaba publicando recetas para microondas en la revista *Semana*, con mucho éxito, sugerí que el día en que se hiciera una nueva edición de *El Libro de Cocina* se tuviera en cuenta mi inquietud. Poco tiempo después, Carmen Lacambra, directora de El País-Aguilar, más allá de la expectativa de una ampliación, me encargó un libro completo sobre microondas.

La historia del microondas me sedujo desde que, hace por lo menos quince o veinte años, la conocí. Para mí era cosa de brujas el poder calentar la leche en la misma taza donde la ibas a tomar, sin que ésta se estropeara. También me sorprendía que en un bar pidieras dos croquetas de tapa, las pasaran por el microondas y te las sirvieran como recién fritas. Pero enseguida me di cuenta de que el microondas es mucho más que eso.

Siempre me ha gustado probar nuevas fórmulas y no quedarme con lo que, por tradición, seguía un ritual, sin arriesgar en experimentos. He dado vueltas a las cosas para ahorrar tiempo, para simplificarlas, de modo que los resultados fueran mejores con menos esfuerzo, y así encontré en el microondas y en su forma de «trabajar» un gran aliado que facilitaba la labor en la cocina. Pero también tuve claro desde un principio sus limitaciones.

Poco a poco, la técnica vino a introducir mejoras en este artilugio que se me antojaba mágico, pues no sólo cocía en su jugo los alimentos, sino que también podía gratinar y dorar. Al mismo tiempo llamaba mi antención aquello de que «el calor era el enemigo número uno del magnetrón», por lo que empecé a interesarme por el funcionamiento del aparato, con intención de sacarle mayor partido. Mis experiencias y las mismas sencillas explicaciones que yo, sin entender de electrónica, he recibido de los técnicos y he asimilado es lo que se refleja en la primera parte del libro.

La segunda parte está constituida por las tablas de descongelación y calentamiento, tan útiles como elásticas, porque, como se explica en su momento, las microondas funcionan de manera distinta de un aparato a otro, por lo que es necesario conocer bien el nuestro. Las tablas, no obstante, son una buena orientación.

En la tercera parte se incluyen más de doscientas cincuenta recetas. Son platos para cualquier día, desde el aperitivo al postre, en los que el empleo del microondas ahorra tiempo y simplifica el trabajo de la cocina.

Agradezco al lector el haber escogido nuestro libro y espero que, con su aplicación, pueda sacarle mejor partido a su microondas, con el consabido ahorro de tiempo y esfuerzo.

MARÍA JESÚS GIL DE ANTUÑANO

Cocinar con el Microondas

1. ¿Qué es el microondas?

El microondas, aunque tenga la forma de un horno y se le designe con este nombre, no es un horno en el sentido tradicional. Se trata de un electrodoméstico que, además de otras prestaciones, sirve para cocinar alimentos. Podría afirmarse que la función de calentar es la misma en ambos aparatos, sin embargo, el sistema de funcionamiento es completamente distinto, y también los resultados. El microondas es una caja metálica donde los alimentos reciben ondas electromagnéticas de alta frecuencia, similares a las de la radio. La misma energía que alimenta dichas ondas se emplea igualmente en los receptores de televisión.

El microondas, como muchos de los grandes descubrimientos de la historia de la humanidad, nació por casualidad en el año 1945. Su artífice, el científico norteamericano Herbert Spencer, experimentaba con un radar de microondas. Un día llevaba un paquete de maíz para hacer en barbacoa y un descuido hizo caer los granos sobre el radar. Cuál no sería su sorpresa cuando comprobó que éstos se convertían rápidamente en palomitas; las mismas que ahora tanto se consumen en sesiones de cine, espectáculos de toda índole o en el propio hogar. En su asombro, Herbert Spencer no pudo precisar si el efecto de las ondas electromagnéticas era el de un asado o un cocido, pues no reunía las características del primero, recubriendo los alimentos de una costra crujiente y dorada, ni requería de agua u otro líquido hirviente, imprescindibles para cualquier cocimiento.

Lo cierto era que un alimento crudo pasaba de inmediato a estar cocinado. A partir de ese momento, los experimentos con los alimentos y las ondas electromagnéticas se sucedieron, hasta que en el año 1967 comenzó su desarrollo industrial.

La instalación del microondas en las cocinas dio origen a una gran revolución en el modo de preparar los alimentos. Las ventajas son notorias, no sólo en el ahorro de tiempo, sino también en la facilidad de descongelación de productos almacenados en el frigorífico, en la rapidez con que se recalientan las comidas y en la cuestión práctica de no tener que utilizar demasiados cacharros, pues los alimentos se pueden servir en el mismo plato en que se elaboran. Todas estas facultades hicieron del microondas un artilugio innovador y un instrumento esencial en las cocinas del futuro. Sería absurdo, y no es nuestra intención, pretender que la aparición del microondas conlleve el descarte de los métodos más tradicionales. Se trata de un elemento auxiliar, complementario; aunque también es verdad que puede utilizarse de una forma autónoma y que, con un microondas en casa, se puede prescindir de otros electrodomésticos.

2. Los secretos del microondas

Dado que todos conocemos los llamados hornos microondas y, el que más y el que menos alguna comida ha cocinado o recalentado en uno de estos aparatos, podemos estar de acuerdo con lo expuesto en el capítulo primero. Pero... ¿entendemos cómo se produce el calor? Veremos cómo no hace falta tener conocimientos de física para comprender fácilmente por qué funciona el microondas.

Como sabemos, la energía no sólo se transmite por cables, sino por varios medios, y uno de ellos son las ondas electromagnéticas. Estas ondas pueden canalizarse por un tubo llamado magnetrón. El magnetrón es el verdadero corazón del microondas, pues transforma la electricidad en energía electromagnética.

Las ondas electromagnéticas poseen tres características fundamentales, similares a las de la luz: se reflejan, se transmiten y son absorbidas.

Una vez generadas las ondas por el magnetrón, éste las refleja sobre las paredes metálicas del microondas e, igual que la luz en un espejo, hace que reboten y sean absorbidas por los alimentos. Este efecto de reflexión genera ondas en todas las direcciones, que rápidamente llenan la cavidad del horno.

¿CÓMO SE ABSORBEN LAS ONDAS?

Las ondas son absorbidas por la humedad presente en los alimentos; pues todos los alimentos, aun tratándose de sólidos, están compuestos por moléculas húmedas. La rápida vibración que se nota cuando se pone en funcionamiento el aparato es el efecto que causa la absorción de las microondas por estas moléculas.

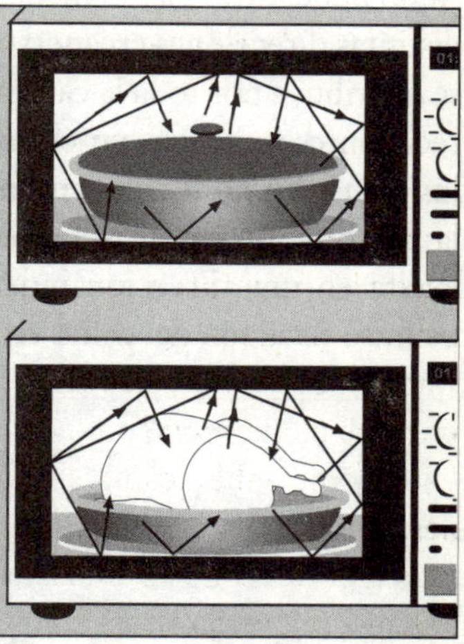

Las microondas se reflejan en las paredes, se transmiten y son absorbidas por los alimentos. Cuanto menos voluminoso sea el producto, mejor penetrarán las microondas.

¿CÓMO SE TRANSMITEN LAS ONDAS?

Las microondas sólo pueden ser absorbidas por la humedad de las moléculas. Ignoran cualquier otro elemento que se halle en el interior del horno y de ese modo pueden pasar a través del recipiente como si no existiera, sin importar que sea de cristal, porcelana, madera, papel o plástico; las microondas no calientan el recipiente porque sólo pueden ser absorbidas por el alimento. Para entenderlo mejor: es como estar dentro de un automóvil un día templado, con el sol entrando por las ventanillas; el calorcillo del sol puede calentar el interior del coche, mientras los cristales permanecen fríos.

¿Cómo se reflejan las ondas?

Sencillamente el metal no las deja pasar; de ahí que las paredes de la cavidad interna del horno siempre sean de metal. Al no poder atravesar el metal, las microondas son reflejadas en distintas direcciones creando un campo de energía invisible que se distribuye por toda la cavidad. Por eso no se pueden emplear recipientes metálicos en el microondas: rechazaría las ondas y los alimentos no se calentarían. Es como tirar una pelota contra la pared de un frontón. La pelota no traspasa la pared; es devuelta en una dirección indeterminada. Si lanzamos muchas pelotas, éstas son devueltas en muchas direcciones.

El microondas sirve para calentar en el mismo recipiente en el que se va a servir la comida, siempre que no sea metálico ni lleve filos o dibujos de oro y plata.

3. Desarrollo de la energía

La diferencia fundamental de un microondas con un foco de calor tradicional está en el particular funcionamiento de su fuente calórica y en la rapidez con que calienta y cocina los alimentos. En el mismo tiempo en el que un alimento apenas se ha calentado en un horno clásico, en el microondas no sólo se calienta sino que, dependiendo de su tamaño, se puede haber cocinado. La causa es que el sistema tradicional cuece desde afuera hacia adentro; mientras que en el microondas se da el proceso en toda la masa del alimento simultáneamente, sin que, como ya se ha dicho, necesite calentarse el recipiente que lo contiene.

Esto sucede porque las ondas electromagnéticas provocan una fricción molecular en el alimento que produce calor y termina por cocerlo. Es algo parecido al calor que surge de frotarse las manos muy deprisa. La vibración que se produce en las moléculas que absorben a las microondas es de unas 2.450 millones vibraciones por segundo.

El agua es el elemento más efectivo para absorber las microondas; pero éstas también pueden ser absorbidas por el azúcar o la grasa que contienen los alimentos.

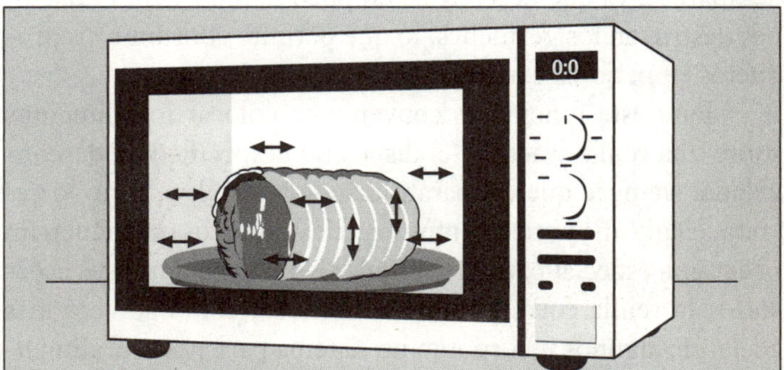

Las microondas se reflejan en las paredes, se transmiten y son absorbidas por los alimentos. Cuanto menos voluminoso sea el producto, mejor penetrarán las microondas.

4. Distintas aplicaciones

Está aclarado, y me remito si no a la experiencia, que el microondas sirve para calentar y que su utilización es fácil y práctica. Sin embargo, es una lástima que un electrodoméstico con tantas posibilidades permanezca infrautilizado en muchas casas.

El microondas sirve, además, para descongelar en un tiempo récord, para cocinar de muy diversas maneras, y es un auxiliar de cocina del que, una vez conocido, no se podrá prescindir.

DESCONGELAR

Los más entendidos opinan que el mayor aporte del microondas es el descongelado de alimentos. Sobre todo el de las carnes que, cuando se dejan varias horas para su descongelación a temperatura ambiente, favorecen la proliferación de bacterias y, como consecuencia, aumenta el riesgo para nuestra salud. Con el microondas este peligro microbiológico desaparece, ya que descongela en poco tiempo y sus radiaciones destruyen los gérmenes, lo que permite consumir los productos en mejores condiciones.

Para esta función es conveniente colocar los alimentos sobre una rejilla y activar el dispositivo específico de descongelado, siempre que el aparato disponga de él, o, si no lo tuviera, elegir una potencia mínima. Hay aparatos que tienen un programa especial para descongelar e incluyen entre sus accesorios la rejilla correspondiente. Incluso, como se verá más adelante, algunos incorporan un sistema para pesar el alimento y, de forma automática, emplear el tiempo justo en concordancia con su peso y volumen.

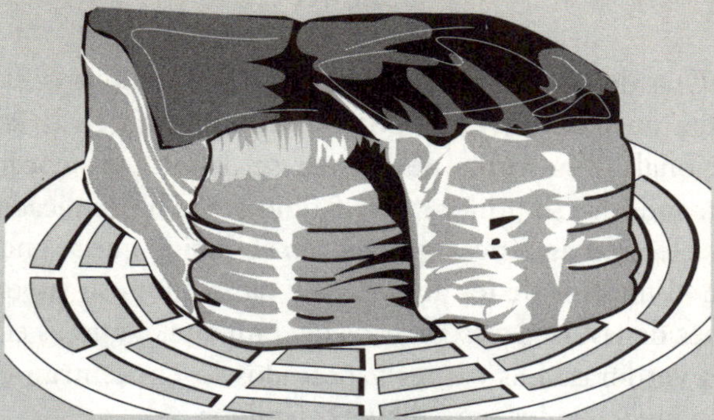

Para descongelar, colocar la pieza sobre una rejilla de forma que las microondas penetren también por la base.

DESCONGELACIÓN NO AUTOMÁTICA

Lo primero que hay que tener en cuenta, cuando no se dispone de este sistema específico, es que la forma del envase es determinante en el tiempo de descongelación: los paquetes bajos y rectangulares requieren menos tiempo que los altos.

Cuando los alimentos empiezan a descongelarse, es conveniente separar los distintos trozos para que la operación se efectúe con mayor rapidez.

Si el alimento contiene partes sobresalientes que se calientan en exceso durante la descongelación, hay que protegerlas con papel de aluminio, colocando la cara no brillante hacia fuera y empleando palillos para sujetarlo.

No es aconsejable la descongelación completa del alimento. Es preferible que termine el proceso durante el tiempo de espera hasta ser cocinado.

Una de las principales ventajas del microondas es que necesita un tercio del tiempo que se emplearía en la cocina tradicional. A su forma de cocinar se denomina «cocción», aun cuando no se utilice agua. Como ya se ha explicado, las ondas electromagnéticas aprovechan el líquido que se encuentra en el interior de los alimentos y también en su superficie después de lavarlos y escurrirlos ligeramente, como es el caso de las verduras. Las carnes y pescados lo encuentran en su propio jugo y en los ingredientes añadidos.

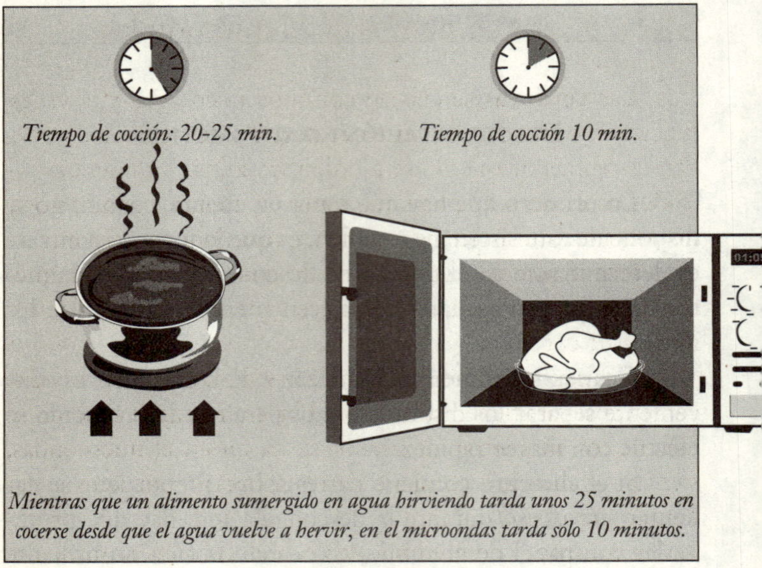

Mientras que un alimento sumergido en agua hirviendo tarda unos 25 minutos en cocerse desde que el agua vuelve a hervir, en el microondas tarda sólo 10 minutos.

Hay microondas que poseen *grill* y plato dorador, que realizan las funciones de asar y freír respectivamente. Pero debe reconocerse que no llegan a la perfección de los aparatos diseñados y creados para esos menesteres.

Otras prestaciones

Además de cocinar, sería interminable la lista de tareas en las que ya se hace indispensable su ayuda. Acelera notablemente el proceso de preparación de un guiso que se culminará por el método tradicional; puede fundir o ablandar mantequilla y chocolate; disolver la gelatina en un líquido sin que llegue a cocer; calentar líquidos y platos cocinados sin que pierdan su punto de cocción, cualidades gastronómicas o el valor nutritivo; estofar cebolla; hacer refritos...

5. Los alimentos en el microondas

Las **verduras** se cuecen con muy poco agua y, a veces, únicamente con la que retienen después de haberlas lavado, con la ventaja de que no se pierden vitaminas y minerales diluidos en el agua de cocción. Como los tiempos son cortos y no permanecen sumergidas en agua, mantienen su color, verde o anaranjado. La cocción de verduras simplemente húmedas, sin agua y tapadas de forma casi hermética, es similar a la técnica de cocción al vapor.

Los **pescados** necesitan un tiempo muy breve de cocción, con lo cual mantienen mejor su sabor y tersura. El pescado es uno de los alimentos que mejor se hacen en el microondas, siempre y cuando se tenga en cuenta que no pueden quedar dorados sin el *grill*.

La **carne**, siempre que sea guisada, como el ragú, se debe dorar primero, bien en la sartén, bien en la bandeja doradora del aparato. Después, con su propia salsa, se prepara en un tiempo mucho más corto. El estofado también queda muy bueno cuando se pone toda la carne cruda. Y si la carne es muy tierna, como el solomillo, se pueden hacer pinchos con el *grill*, y, en el caso de trozos grandes, combinando la función *grill* y microondas. Lo que no podemos esperar sólo con la función microondas es un asado crujiente y dorado como en el horno de leña.

Los **huevos** se pueden hacer *pochés* o blandos, pero hay que tener en cuenta que hay que pinchar la yema antes de meterlos al microondas, pues, de lo contrario, al calentarse desde dentro hacia fuera reventaría la película que los recubre. Si los dejamos unos minutos más, se hacen duros. No hay que olvidar que el peso del huevo es muy importante para calcular el tiempo de cocción: no tarda lo mismo un huevo que pesa entre 45 y 50 gramos que uno de 70 a 75 gramos. También debe tenerse en cuenta que un huevo a temperatura ambiente tarda menos en hacerse que uno que esté recién sacado de la nevera.

Los huevos revueltos salen perfectos si se para de cuando en cuando para removerlos y se sacan del microondas cuando aún no estén hechos del todo, porque fuera del aparato las microondas siguen actuando entre dos y tres minutos. A las tortillas de patata o similares, es necesario añadirles una cucharadita de agua por huevo y cuajarlas en un recipiente refractario bajo, como los que se emplean en la cocina tradicional, con la función *grill* combinada con microondas. El resultado menos satisfactorio corresponde a las tortillas francesas, que más bien parecen huevos revueltos con forma ovalada, a pesar de emplear un recipiente especial para ellas.

Las **patatas** para tortilla o en pelotón, para hacer «patatas a lo pobre», también quedan muy bien dorándolas con el *grill* en el último momento. Si se quieren asar enteras, se deben pinchar para que no revienten. Es conveniente emplear una percha especial para colocarlas. Lo mismo sucede con las manzanas asadas.

Las **legumbres**, compradas ya cocidas al natural, son la base para un buen guiso. Para que éste sea perfecto es preciso hacer primero un refrito, que se añade a la legumbre elegida junto con el jamón o el chorizo que indique la receta.

Las **sopas** son las recetas más fáciles de realizar en el microondas. El motivo es que la ausencia de evaporación permite poner la cantidad exacta de agua. De vegetales, carne u otros aditamentos que figuren en la receta, se puede poner la cantidad deseada, siguiendo o no las indicaciones, pues siempre importan los toques personales. Al terminar bastará con añadir más agua, pues se comprobará que el líquido está muy concentrado.

El **arroz** no requiere ninguna técnica especial. Sólo hay que seguir las instrucciones del recetario.

La **pasta** se cuece en pocos minutos y, por supuesto, el microondas es ideal para hacer la salsa de la forma más rápida. Existe un recipiente con colador en el que se cuece la pasta, se escurre, se hace la salsa y se sirve en la mesa.

La **salsa besamel** queda perfecta si se sigue la receta y se mueve de cuando en cuando.

Los **bizcochos** salen asombrosamente bien; pero deben consumirse pronto, pues tienden a endurecerse si se deja pasar mucho tiempo.

Los **flanes**, como los bizcochos, se deben hacer en molde de corona o en molde alargado de *plum-cake*, para que la masa quede toda del mínimo grosor. Estos utensilios se pueden encontrar en cristal refractario o en plástico.

Las **natillas** y **cremas pasteleras** también quedan estupendas si se sigue al pie de la letra la receta que, generalmente, recomendará que no se utilicen potencias muy elevadas para evitar que al hervir se corten. También es conveniente parar y remover de cuando en cuando.

Las **compotas** son uno de los grandes éxitos del microondas, ya que no necesitan dorarse, sino una cocción lenta que en estos hornos es muy breve.

Los **pistos**, la **cebolla estofada** y los **refritos** se hacen en muy poco tiempo, la cuarta parte aproximadamente de lo que tardaría en la cocina tradicional. Sólo necesitan consumirse a fuego vivo dado que en el microondas casi no hay evaporación.

6. Seguridad del microondas

Las radiaciones

Hay cierta preocupación, esas voces que se corren, respecto a la radiación que pueden producir las microondas. De modo que, para calmar los ánimos, tenemos que diferenciar en primer lugar las radiaciones peligrosas, ionizantes, como los rayos X o los ultravioletas, de las no ionizantes, que resultan inofensivas.

En el caso de producirse, las radiaciones de las microondas pertenecerían al segundo grupo, con lo cual no hay de qué preocuparse.

Por otra parte, el horno tiene un cierre hermético, protegido por una banda elástica que hace imposible que las microondas escapen. Las microondas no pueden atravesar las paredes metálicas del horno, ni el cristal de la puerta, ni la junta de goma que lo sella.

Además, el magnetrón sólo se pone en marcha después de haber cerrado la puerta del horno y se mantiene en activo exclusivamente durante el tiempo que se le haya programado con antelación. Si antes de transcurrir ese tiempo se abre la puerta, se apaga automáticamente y deja de emitir microondas.

Seguridad personal

Se recomienda no quedarse mirando cómo funciona el microondas; lo mismo que se aconseja no ver el televisor desde muy cerca o no dormir con la radio pegada a la oreja.

Pero, al margen de estas consideraciones, la única contraindicación que puede asignársele al horno microondas ha de referirse por fuerza a los enfermos del corazón que se ven obligados a utilizar marcapasos. Actualmente los marcapasos suelen estar protegidos de las interferencias de los campos electromagnéticos que se derivan de aparatos tan comunes como algunas máquinas de afeitar, coches, teléfonos móviles, secadores de pelo y microondas. Sin embargo, es conveniente que los usuarios conozcan bien las características y susceptibilidad del suyo para no exponerse a riesgos innecesarios, pues hay modelos que funcionan intermitentemente, sólo cuando el corazón lo demanda, y que están menos protegidos.

SALUBRIDAD DE LOS ALIMENTOS

Según la OMS, Organización Mundial de la Salud, no ha podido demostrarse científicamente que las microondas produzcan sustancias tóxicas o efectos negativos en los alimentos. Por el contrario, al cocer durante menos tiempo, los alimentos no pierden sus cualidades nutritivas y conservan su contenido en grasas, proteínas, glúcidos, sales minerales y vitaminas.

No obstante, hay que precisar que el microondas no es un autoclave ni un esterilizador. La rapidez de calentamiento y las bajas temperaturas a las que trabaja —alrededor de los cien grados— no garantiza que, si el alimento que se introduce para calentar no está en perfectas condiciones sanitarias, o si contiene alguna bacteria, ésta llegue a morir. No sucede como con el fuego tradicional que, hirviendo durante algunos minutos a una temperatura más elevada, es capaz de matar cualquier germen. De lo que se deduce que, si ya no es aconsejable utilizar alimentos que no estén en perfectas condiciones, en el microondas tendría que estar prohibido, pues puede resultar muy peligroso.

UTILIZACIÓN ADECUADA

En el momento de comprar un horno microondas, el usuario debe informarse sobre su correcto uso y manipulación, con el fin de evitar accidentes y quemaduras. Está demostrado que el riesgo de radiación está íntimamente relacionado con una mala utilización del aparato, no con posibles fugas.

Es importante recordar que las microondas siguen actuando después de apagado el aparato y que no debe prolongarse el tiempo de cocción de los líquidos, ya que se corre el riesgo de que se proyecte fuera del recipiente que los contiene. De ahí que, si nos hemos excedido en el tiempo de cocción, lo más conveniente es dejarlo en reposo dentro del microondas durante un minuto y así evitar que el líquido se expanda y nos queme.

Cuando se cuecen alimentos con un alto contenido de azúcar o muchas grasas, como las tartas de frutas o las carnes picadas, se deben seguir al pie de la letra las instrucciones dadas en el recetario, porque si se sobrepasa el tiempo de cocción los alimentos pueden quemarse y dañar el entorno.

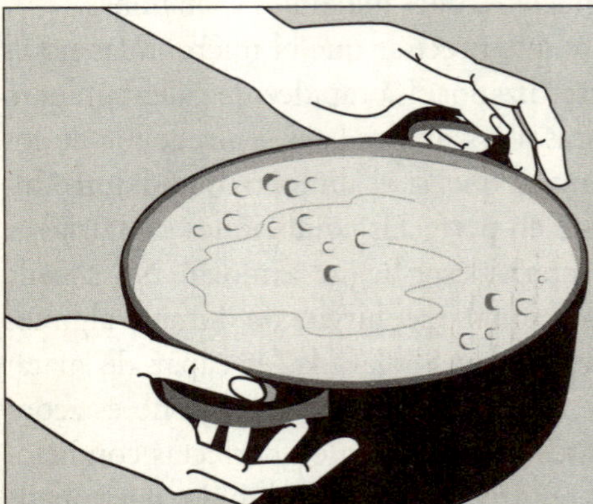

No prolongar el tiempo de cocción de un líquido y dejarlo reposar antes de sacarlo del horno, porque como las ondas siguen actuando, hay peligro de que se desborde con la consiguiente quemadura.

Ubicación del microondas

Otra de las ventajas del microondas es el poco espacio que ocupa. Es aproximadamente del tamaño de una televisión de no demasiadas pulgadas y sólo necesita un enchufe capaz de proporcionar entre 13 y 15 amperios. Se puede colocar en cualquier habitación de la casa, excepto en el cuarto de baño. No necesita más que una superficie plana: la encimera de una cocina o del *office*, la balda de una estantería, o empotrado encima del horno convencional siempre que se deje el espacio adecuado para que tenga buena ventilación, como, por otra parte, ocurre con cualquier aparato eléctrico. Se puede colocar en un carrito, semejante a los que sujetan las televisiones más pequeñas, elegir la posición más adecuada para el trabajo o moverlo de un sitio a otro, en el caso, por poner un ejemplo, de una oficina que tuviera un único microondas para varios despachos.

Como se trata de un electrodoméstico no peligroso, puede ser utilizado por todos los miembros de la casa, desde las personas mayores hasta los más pequeños, siempre y cuando éstos últimos estén vigilados. El único requisito es que el horno tenga una buena ventilación en la parte posterior, ya que el magnetrón la necesita para no recalentarse.

7. Diferentes microondas en el mercado

La potencia

Existe una gran variedad de aparatos microondas en el mercado. En cualquiera de ellos, la característica más importante es la potencia, ya que, en buena parte, de ésta depende el tiempo que un alimento necesita para hacerse. La potencia suele estar indicada en el catálogo y en una chapa metálica, colocada por regla general en la parte trasera del horno. Algunas casas comerciales marcan la graduación de la potencia en watios, otras en tantos por ciento o con símbolos. Cuando en la receta se indica que hay que aplicar la máxima potencia se refiere al 100% de la potencia del aparato que utilizamos para cocinar, que puede variar entre los 500 y 1000 watios (550, 600, 650, 700, 750, 800 o 900) y consecuentemente en el tiempo necesario para llegar a los 100° de temperatura. Por eso se recomienda conocer bien las características del horno, pues aún siendo de la misma marca y el mismo modelo, ya por el uso que se le haya dado o por la emisión variable de microondas, unos cocinarán en menos tiempo que otros.

La intermitencia

Independientemente de cuál sea la potencia del microondas, y dado que no es posible graduar la temperatura pues la velocidad de vibración no es siempre la misma, la mayoría de las marcas han incorporado un dispositivo que interrumpe momentánea y periódicamente la cocción. De este modo, al cien por cien de potencia, la emisión de ondas es continua; al setenta y cinco por ciento, se interrumpe cada cuarenta y cinco segundos durante quince; al cincuenta por ciento, cada treinta segundos durante otros treinta, y al veinticinco por ciento, cada quince segundos durante cuarenta y cinco. Ésta es la razón por la cual algunas preparaciones se hacen al 100% de potencia, mientras que otras, por ejemplo las natillas, se deben hacer al 75%, y los flanes, para que se hagan al baño María, necesitan más tiempo de intermitencia, es decir, una potencia más baja para que nunca se acerquen a la temperatura de ebullición. Cuando esto sucede, el horno deja de emitir microondas y se mantiene el calor, que nunca supera los 70 o 75 grados para que no se corte ni le salgan ojos.

El plato giratorio

Para que las microondas lleguen por igual a todo el preparado, es preciso mover la fuente o plato cada uno o dos minutos. En función de esto, los nuevos aparatos están equipados de un eje en la base que mueve una hélice o aspa, sobre la cual se coloca un plato de cristal. A pesar de ello, es conveniente mover el alimento de vez en cuando, sobre todo si se trata de líquidos. Las ondas no penetran más allá de 2,5 o 3 cm en el interior del alimento, por lo que la zona central se calienta menos y casi exclusivamente por el calor de las zonas próximas.

Para que las ondas lleguen a todo el alimento por igual, es preciso moverlo. Esto está resuelto con el plato giratorio.

La capacidad

La capacidad del microondas se mide por litros y, aunque de ella depende que se puedan meter platos o fuentes más o menos grandes, su diferencia no suele ser importante. Oscila entre los 32 litros de los modelos de última generación y los 12 litros de los más pequeños. Estos últimos son aparatos que llaman la atención por su reducido volumen y, como ya se ha explicado, son útiles para cantidades no muy grandes y a ser posible divididas en porciones. En algunos hornos se puede emplear un soporte de dos pisos que permite calentar dos platos a la vez, pero no hay que olvidar que el tiempo de calentamiento o cocinado tendrá que incrementarse en un 50%.

Los microondas con plato giratorio no admiten fuentes ovaladas, pues lo más probable es que no den el giro. Pero existe un truco, que consiste en levantar el plato giratorio y quitar las aspas, de forma que el eje que las hacía girar funcione en el vacío, lo que permitirá mover la fuente a mano, parando el horno y poniéndolo en funcionamiento cada uno o dos minutos.

EL 'GRILL'

Se trata de una resistencia que se encuentra en el techo del microondas y que, a veces, es abatible para facilitar su limpieza. Esta resistencia emite un calor difuso clásico, pero también se puede poner al rojo vivo para dorar la superficie de los alimentos. Funciona independientemente del horno o en combinación con él. Calienta con gran rapidez, aunque se aconseja encenderlo aproximadamente tres minutos antes de utilizarlo. Los aparatos provistos de *grill* suelen tener, como accesorio, dos rejillas metálicas de distintas alturas para dorar o gratinar más o menos cerca de la resistencia. Cuanto mayor sea el tamaño de la pieza, más lejos se debe colocar para que se haga por dentro sin quemarse por fuera. En cualquier caso, no hay mejor consejo que el de la práctica diaria.

Utensilios del 'grill'

Dado que el *grill* alcanza temperaturas muy elevadas, hay que abstenerse de utilizar plástico o cristal no refractario. Si el *grill* se utiliza con el microondas apagado, admite fuentes metálicas.

Combinación 'grill'-microondas

Si se combina la función *grill* con la del microondas el beneficio es doble, puesto que se obtienen las ventajas de ambos métodos de cocción. Los platos que se preparen de este modo se harán en un tiempo récord y su superficie quedará gratinada como en el horno convencional. Ya indicamos que, al reducirse el tiempo, los alimentos no pierden tantos líquidos y conservan mejor su valor nutritivo.

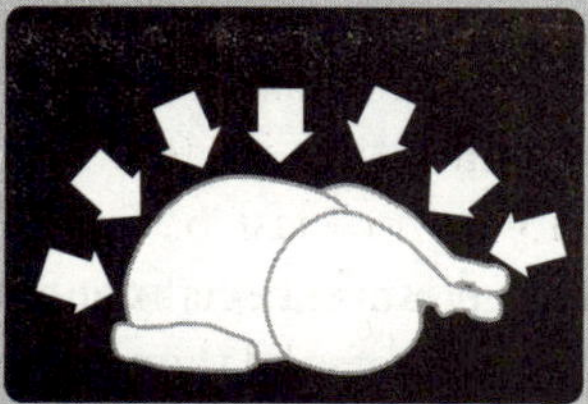

Calentamiento utilizando el grill

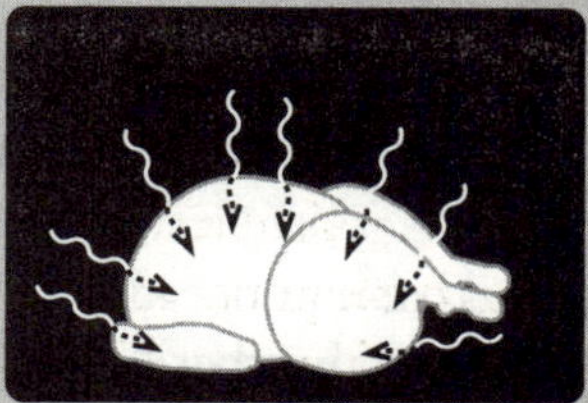

Calentamiento utilizando el microondas

Mientras que el grill *calienta y dora la superficie del alimento, las microondas lo cocinan de dentro hacia fuera.*

Utensilios para la función combinada

Los recipientes empleados deben ser aptos tanto para el horno convencional como para el microondas, por lo que se descartan los de plástico, tan útiles en la función microondas. También hay que prescindir de los metálicos, por razones ampliamente explicadas de incompatibilidad con las microondas. Por lo tanto, para esta doble función lo más práctico es la cerámica, la porcelana o el cristal refractario. Los alimentos siempre deben girar en una rejilla con patas que los eleva sobre el plato giratorio para que estén más cerca del *grill*.

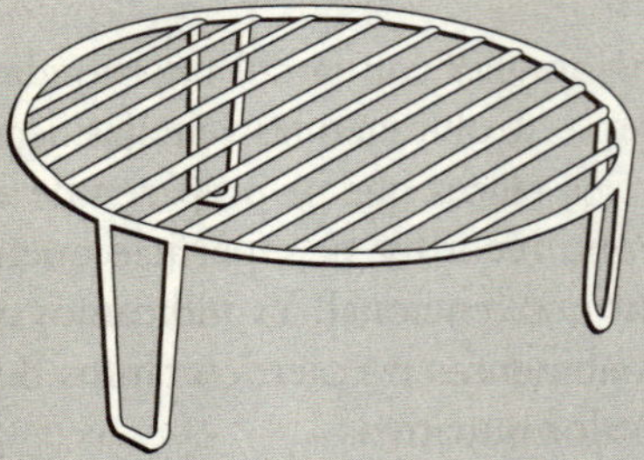

Cuando se usa el grill *se debe emplear la parrilla metálica que acerca el alimento a la resistencia, evitando así el peligro de que se queme.*

EL PLATO 'CRISP'

La bandeja doradora o plato *crisp* está especialmente diseñada para absorber la energía de las microondas en su base, antes de que se coloque sobre ella el alimento para dorar. Éste se calienta por acción de las microondas y genera un calor que dora la carne por debajo, al mismo tiempo que las microondas cuecen el interior y el *grill* dora la parte superior. Para ahorrar tiempo se puede calentar el plato *crisp* con grasa durante tres minutos y luego dorar en él la carne, el pescado o el vegetal que se desee. El plato *crisp* absorbe la energía de las microondas, por lo que actúa como si el horno estuviera lleno, sin perjudicar al magnetrón. El plato giratorio siempre ha de estar en funcionamiento.

MANDOS Y FUNCIONES BÁSICAS

Es básico que un microondas tenga un magnetrón que genere microondas y que éstas se repartan lo mejor posible por el interior del aparato. Con los indicadores de potencia, ya sea en watios, tantos por ciento o símbolos, ya se puede utilizar siguiendo las instrucciones del fabricante y haciendo algunas pruebas. Si queremos saber cuáles son las zonas en que las microondas se reciben con más intensidad, se colocan vasos o tazas con agua, una en el centro y las demás alrededor, como los números de un reloj. Se observará que no todos los vasos hierven al mismo tiempo. El del centro tarda más y algunos de los que están alrededor lo hacen incluso después de apagado el horno por la fricción que continúa. Esta experiencia sirve para controlar las zonas frías, generalmente el centro, y para colocar lo que se quiere calentar ligeramente descentrado. A tal efecto se recomiendan los moldes de corona y las masas delgadas. También es básico el plato giratorio. La función descongelar no precisa de mandos especiales, ya que la práctica y el uso enseñarán a utilizarla jugando con las potencias.

El centro del microondas es una zona en la que hay menos incidencia de ondas, por lo que se recomienda usar moldes de corona o poner un vaso en el centro del recipiente. Además, así la masa de alimento es menor y se cocina mejor.

No se consideran fundamentales ni el *grill* ni el plato o bandeja doradora, ya que lo normal es tener sartén y fuego para el efecto. Pero casi todos los modelos incorporan estas prestaciones. Los microondas inteligentes, que tienen una balanza en la base del plato giratorio y calculan el tiempo de descongelar o calentar según su peso, son muy útiles, pero no imprescindibles, pues se pueden suplir con sentido común y un poco de práctica.

Microondas de última generación

Pocas son las innovaciones en los microondas que se han incorporado últimamente al mercado, y residen fundamentalmente en la forma exterior, en la estética, que empieza a cambiar el esmalte blanco por los tonos acerados. Una novedad es el mando programable, que permite dejar el alimento listo para cocinar a la hora prefijada. Algunos modelos han incorporado dos teclas de memoria para funciones distintas, un seguro de niños que evita que los pequeños puedan ponerlo en marcha, y un sensor de alta seguridad que avisa de cualquier emergencia y evita accidentes. Los microondas con dos magnetrones todavía no están en el mercado español.

8. Conozca su microondas

Como con cualquier otro aparato, para utilizar el microondas es preciso leer detenidamente las instrucciones del fabricante y conocer con detalle las prestaciones del electrodoméstico que se ha adquirido. En la cocina no debe haber ningún objeto obsoleto, infrautilizado o empleado inadecuadamente. Es posible que se produzca cierto desconcierto al principio, porque no se adecuen los tiempos del aparato con los que se indican en las recetas. Es lógico por cuanto, como se ha dicho, no todos los hornos tienen la misma potencia. Ocurre lo mismo que con los congeladores, con las aspiradoras o con las revoluciones de la secadora o centrifugadora. Es más, un microondas que haya tenido mucho funcionamiento pierde parte de su potencia, por lo que ha de ser el usuario quien tenga en cuenta esta circunstancia y rectifique la receta.

Hay un sistema casero para saber la potencia real del aparato: introducir un vaso de agua a temperatura ambiente en el microondas, al 100% de su potencia durante un minuto, y comprobar que sale en el punto de ebullición.

Los tiempos

Si se quieren obtener buenos resultados, hay que tener en cuenta que en los hornos microondas el tiempo juega un papel mucho más importante, ya que tiene que ser más exacto que en el sistema tradicional de cocinar. Cuando no se tiene mucha experiencia con alguna receta, conviene abrirlo de cuando en cuando y comprobar cómo va el proceso de cocción. O, por poner un ejemplo, cuando la alarma que controla el tiempo del horno clásico suena al mismo tiempo que el teléfono, normalmente se puede contestar, porque el horno, aun cuando no se desconecte automáticamente, puede alargar su función algunos minutos sin estropear el alimento; pero en el caso del microondas hay que estar mucho más atentos pues, aunque cumplido el tiempo programado se desconecte automáticamente, es necesario sacar el alimento en el momento preciso.

Cuanto más frío esté un alimento, más tiempo tardará en calentarse en un microondas. Esto lo hace emparentar con la cocina tradicional, donde ocurre lo mismo. Una taza de leche recién sacada de la nevera, con un minuto de microondas al 100% quedará a punto de ser bebida; mientras que si estaba a temperatura ambiente, es posible que nos escaldemos los labios, porque al cabo del minuto, como la prueba del agua del apartado anterior, estará a punto de ebullición, con el agravante de que la leche contiene grasa que, al igual que el azúcar, acelera enormemente el efecto de las microondas. Esto se puede comprobar también con el caldo: un guiso hecho con caldo tarda menos tiempo en cocinarse que si se emplea agua.

La cantidad de alimentos que se desean cocinar marca a su vez el tiempo. Si una patata con piel necesita cinco minutos, para dos patatas hay que programar ocho. La explicación está en que el magnetrón emite las mismas microondas para una que para dos patatas, con lo cual, como se diría en lenguaje coloquial, cada una de ellas toca a menos.

Otra característica del microondas, como ya sabemos, es que el recipiente no se calienta. Las microondas lo traspasan para actuar directamente sobre las moléculas del agua que contiene el producto que se esté cocinando. Si el recipiente está caliente o templado no es por acción de las microondas, sino por el calor que el propio alimento le transmite. Tanto es así que, si el tiempo de cocinado ha sido largo, habrá que retirar el recipiente con cuidado y las manos protegidas por manoplas, ya que el alimento habrá incrementado la temperatura del recipiente hasta el punto de poder ocasionar quemaduras.

La energía del microondas no calienta el recipiente, pero los alimentos le pueden comunicar su calor y el grill *también. Use guantes para sacar los recipientes.*

Otra consideración a tener en cuenta es que, cuando se fríen pocas cantidades, como por ejemplo en un refrito de cebolla y ajo, hay que poner cuidado en no excederse en el tiempo. Al utilizar recipientes de plástico, se puede quemar el fondo y tanto el refrito como su continente pueden quemarse y quedar inservibles. Por otra parte, este tipo de alimentos hay que consumirlos pronto, porque, al no estar caliente el plato, se enfrían más rápido.

De lo dicho se deduce que no merece la pena emplear el microondas para alimentos con pocas moléculas de agua. Se hacen mal y no se ahorra tiempo.

El reposo

Si en el modo de cocinar tradicional la evaporación del agua juega un papel importante, en la cocina por microondas sucede todo lo contrario. Al hervir un alimento al modo clásico, el agua se calienta y cuece los alimentos sumergidos. A esta forma de transmisión del calor se la conoce como «conducción». En la cocción por microondas son las moléculas de agua, grasa o azúcar las que, sometidas a la acción de las microondas, se frotan entre sí produciendo el calor. En cuanto las moléculas del interior se calientan, el alimento se cuece por inducción. Esto influye en el valor nutricional de los alimentos, que no pierden su esencia en el agua de cocción ni es destruida por las altas y prolongadas temperaturas de la cocina tradicional.

Sin ir más lejos, los asados en el horno convencional, sin un dorado previo que actúe de capa protectora, sufren por causa de la evaporación una gran pérdida nutritiva. Por eso somos conscientes de que, al asar de forma clásica, hay que dorar antes las carnes, para que la costra que se forma en el exterior impida que salgan los jugos del interior. También hay que regarlos con su propio jugo para que no se resequen. Algo parecido ocurre con la fritura, con el inconveniente dietético del aumento de grasas procedentes del aceite en el que se han frito. Ha de recordarse, aunque no venga al caso, que si los alimentos se fríen con el aceite muy caliente, cogen menos grasa que si la temperatura es baja y los empapa. Y que el aceite de oliva es el que soporta sin deteriorarse las más altas temperaturas.

En cambio, en el microondas se utiliza muy poco o ningún líquido adicional y la temperatura de cocción máxima es de 100° C, lo que permite que las viandas conserven todo su color, aroma, sabor, vitaminas y minerales, con el consiguiente beneficio para la salud. Otro punto importante en el que el microondas difiere del sistema tradicional es que la frecuencia vibratoria de las moléculas continúa durante un tiempo después de haber sacado el alimento del aparato, por lo que habrá que dejarlo reposando entre tres y cinco minutos, hasta que termine de hacerse. Ésta es la razón de que los tiempos calculados en las tablas sean siempre algo menores que el punto de cocción exacto.

9. Técnicas especiales para la cocina en el microondas

Independientemente de las instrucciones de uso del fabricante del aparato microondas, hay algunas técnicas que es conveniente conocer

Batir los líquidos. Como en el caso de las salsas y natillas, las sopas y los estofados, es conveniente moverlos o batirlos de cuando en cuando, porque los bordes o las áreas externas atraen primero la energía de las microondas y están más expuestas a ella. Al batirlas, el líquido se calentará uniformemente. En el caso de las salsas, el hecho de batirlas evitará que se formen grumos. Por eso se recomienda en la receta de la salsa besamel, por ejemplo, abrir el microondas y removerla de cuando en cuando.

Graduar la potencia. Sobre todo cuando se emplean huevos para natillas, flanes o *mousses*, si no llevan féculas, para que no lleguen al punto de ebullición y se corten.

Cocinar cantidades relativamente pequeñas. Está demostrado que es preferible dividir las cantidades en dos, tres o cuatro porciones y calentarlas o cocinarlas a la vez, porque penetran mejor las microondas en volúmenes pequeños. Por otra parte, no se debe llenar demasiado el recipiente del microondas, porque tardará más tiempo. La proporción para hacer el doble de alimentos es aumentar algo más de un 50% el tiempo.

Ordenar los alimentos de forma simétrica, es decir, repartirlos sobre el plato giratorio de manera que no esté desequilibrado. Por ejemplo, si se trata de 4 filetes de pescado o de carne, ponerlos en forma de cruz o de aspa; lo mismo si son 4 manzanas o 4 patatas. En el caso de las chuletas, colocarlas en círculo dejando la zona del hueso en el centro, siempre fuera del centro del microondas. Aunque las microondas se reparten por toda la superficie, llegan con mayor dificultad al centro y a los ángulos. Este problema está resulto en los microondas de última generación.

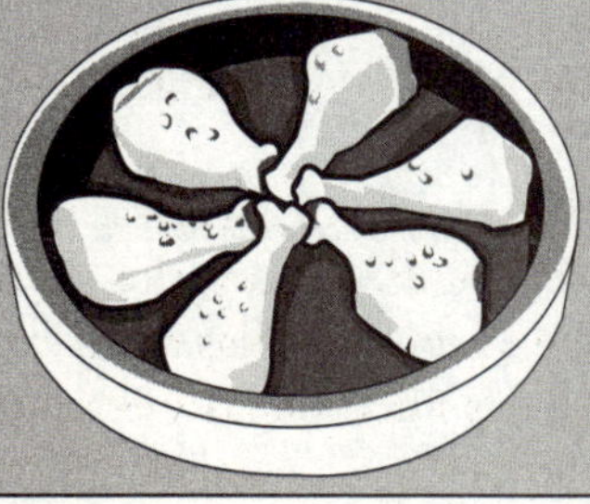

Para cocinar o descongelar chuletas, pescados menudos o muslos de pollo, colocar las partes del hueso o la cola de los pescados en el centro, con objeto de que no se hagan o descongelen antes que el resto.

Elegir las piezas de tamaño semejante para que no se hagan unas más que otras, y en caso de que esto no sea posible, abrir el microondas a mitad de tiempo y comprobar cómo va la cocción.

Cubrir los alimentos. Todos los alimentos que se introduzcan en el microondas se deben cubrir por dos razones fundamentales: para que no salpiquen las paredes y el techo del horno, y para que conserven mejor su humedad y no se resequen. El sistema más simple es cubrir el plato con otro sopero, aunque en el apartado «utensilios para microondas» se habla de unas tapaderas especiales, agujereadas, muy útiles para evitar salpicaduras. También se pueden tapar con plástico transparente, siempre que se perfore por varios sitios. Pero si se quiere cocinar de forma hermética y que se cuezan o estofen en su propio jugo, hay que optar por utilizar la olla a presión o tapar los alimentos con plástico, que irá abombándose al no poder expulsar el vapor que provoca la cocción. Sólo se puede emplear este tipo de plástico, porque es flexible, tiene elasticidad y se adhiere a las paredes del recipiente. En el supuesto de que en la receta se especifique: «reposar unos minutos antes de servir», el objetivo es que el alimento termine de hacerse y, por lo mismo, el plato debe permanecer tapado. Pero si pretendemos freír cebolla, ajos o pimientos, hay que destaparlos completamente para que el vapor se evapore y se frían bien.

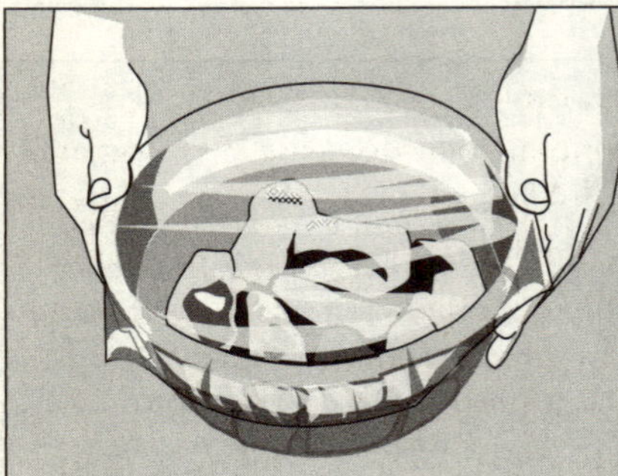

Si un recipiente no tiene tapa propia, cubrirlo con papel film adherente que, si no se quiere una cocción hermética, se perfora en varios sitios para que salga el vapor.

Si se introducen los alimentos en bolsas de plástico para descongelarlos, es preciso perforar éstas en varios sitios para que salga el vapor del interior.

Pinchar las membranas de los alimentos. Las yemas de huevo, las salchichas, así como las patatas y manzanas con piel, los tomates enteros y todos los ingredientes que vayan recubiertos de una membrana natural, se deben pinchar en varios sitios para evitar que exploten con el calor.

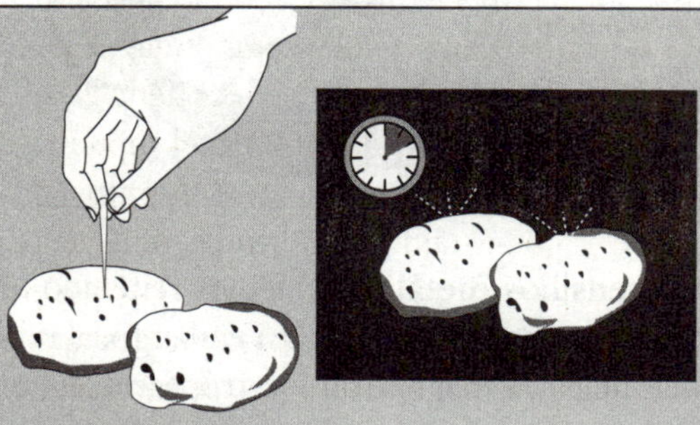

Para liberar la presión interior de alimentos como patatas, manzanas, yemas de huevo, etcétera, se debe pinchar la membrana que los cubre en varios sitios.

Dorar los alimentos. En la cocina tradicional, la superficie de la comida se expone al foco de calor y va tomando color según se cocina. En los procesos en los que el foco de energía no se aplica directamente, tales como la cocción al vapor o en el microondas, la comida no se dora. Este dorado no es imprescindible en alimentos como la fruta, verdura o legumbres; pero la carne requiere cierto gratinado exterior para hacerla más apetecible y conservar los jugos. Como ya sabemos, los hornos más modernos ya incorporan una bandeja doradora, que al calentarse con un poco de aceite dora las carnes y los pescados antes de hacerlos. Es en esa misma bandeja donde, aprovechando el jugo que suelta el ingrediente principal, debe freírse la cebolla o el ajo para hacer la salsa que lo acompañará. En cualquier caso, si no disponemos de este utensilio, siempre se puede dorar al alimento en la sartén, antes de introducirlo en el microondas.

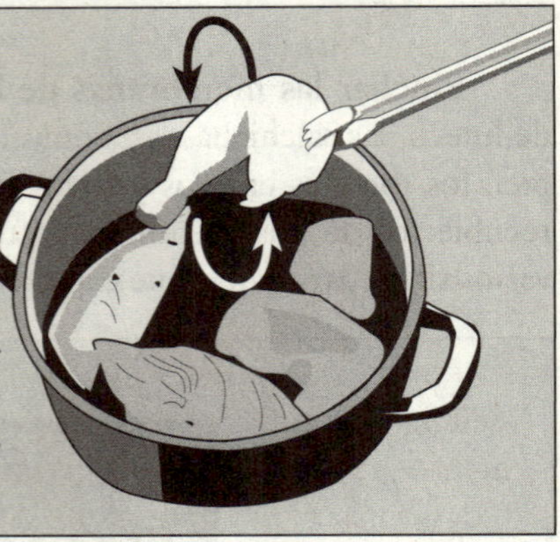

Para dorar los alimentos en la bandeja doradora es conveniente darles la vuelta de cuando en cuando.

No utilizar utensilios metálicos. Hemos reiterado que las microondas no traspasan los metales y, sin embargo, al rebotar en ellos pueden llegar al magnetrón y estropearlo. Es una de las averías más caras que puede sufrir un microondas. Los hornos mixtos, microondas y convencional o turbo, admiten utensilios metálicos, ya que el magnetrón va protegido de una forma especial. No obstante, insistimos en lo ilógico de utilizar utensilios metálicos, ya que no dejan pasar a las microondas.

El papel de aluminio se puede emplear, siempre por el lado no brillante, para cubrir ciertas zonas del alimento (el final del hueso de las chuletas, la cola del pescado, una parte que ya esté hecha) y evitar que se queme o se pase de cocción. En pequeñas cantidades, si la zona sin cubrir es lo suficientemente extensa como para absorber las microondas, no afecta al magnetrón.

Se pueden tapar las zonas más delgadas de los alimentos con papel de plata por el lado no brillante, siempre en pequeñas proporciones.

Regla práctica para adaptar recetas

- Controlar la cantidad de especias y de sal, porque como los tiempos son muy cortos, el ingrediente principal asume en menor grado los sabores externos.
- Comprobar el punto de sazón después de la cocción.
- Reducir grasas.
- Reducir el tiempo de cocción ajustándose a las tablas, dependiendo siempre de la potencia del microondas.
- Experimentar siempre y comprobar y apuntar el resultado.
- Hacer ensayos cuando no se tienen invitados.

10. Mantenimiento y cuidados del microondas

Al igual que el resto de los electrodomésticos, los microondas vienen acompañados de un libro de instrucciones de uso y manejo elaborado por el fabricante. Indudablemente éstas son las más adecuadas; pero no está de más recibir algunos consejos.

Mantenimiento

El microondas no necesita mantenimiento. A pesar de ello, es importante tener a mano el libro de instrucciones, ya que en él viene una lista de centros de información y atención al cliente, servicio post-venta y delegaciones en las distintas ciudades, con direcciones y teléfonos, por si fuera necesaria alguna reparación en el aparato.

Limpieza

Basta con pasar una bayeta suave, ligeramente húmeda, por la base, las paredes y el techo. Se recomienda pasarla inmediatamente después de su uso, de modo que si hubiera quedado alguna salpicadura, ésta no se reseque y obligue a raspados innecesarios. Además, los restos de comida robarían las microondas a los alimentos que se quisieran cocinar después. No se deben emplear líquidos abrasivos ni productos químicos corrosivos o vaporizadores, ni raspar con un cuchillo u otro metal que pueda rayarlo. Si a pesar del cuidado puesto aún hay restos de comida o salpicaduras, se introduce un vaso de agua con zumo de limón o vinagre y se deja hervir uno o dos minutos para que el vapor se extienda por las paredes y ablande las manchas. Se debe poner especial cuidado en la limpieza del cristal de la puerta. Si el horno está dotado de *grill*, la resistencia suele ser abatible para permitir limpiar el techo y pasar con más facilidad la bayeta por los tubos que encierran las resistencias. Y si lo que queremos es aromatizar el interior del aparato, es suficiente con poner agua en un vaso con una hoja de laurel y un par de clavos y dejarla hervir durante 2 minutos. Después de apagado el microondas, se ha de dejar que repose durante unos minutos para que el vapor no se proyecte fuera y nos queme.

La limpieza es el único mantenimiento del microondas, desconéctelo eléctricamente y pase una bayeta húmeda.

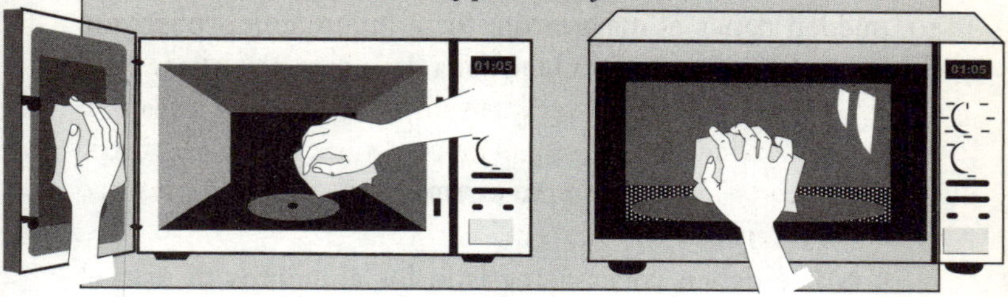

Tanto para limpiar fácilmente el microndas como para quitar los malor olores, introducir una taza con el zumo de medio limón durante 1 minuto. Al hervir, el vapor limpiará las paredes y desaparecerá el mal olor.

Conservación

Cuando la goma o burlete que rodea la puerta del microondas esté algo deteriorada, dada de sí o despegada por algún sitio, hay que llamar inmediatamente al Servicio Técnico para que la reemplace. No es recomendable utilizar el horno mientras la goma no esté repuesta. Tampoco en el caso de que la puerta hubiera recibido algún golpe y no encaje perfectamente.

Nunca se debe poner en funcionamiento el horno en vacío, ya que las ondas, al no ser absorbidas por ningún elemento, pueden dañar el magnetrón. Si se quiere comprobar que funciona, hay que acudir a la prueba de la taza con agua.

Evitar imprudencias

No se deben cocer demasiado los alimentos ni usar el microondas para secar tejidos, papel, especias, hierbas, madera, flores, fruta o cualquier material combustible, pues podrían producirse incendios. Tampoco se puede dejar el horno sin vigilancia, sobre todo si lo utilizan niños. En el supuesto de que el interior se incendiara, hay que dejar la puerta cerrada, apagar el horno y desenchufarlo y, en último término, desconectar la electricidad general de la casa.

Otro requisito es no calentar, ni almacenar, ni usar materiales inflamables en el interior o cerca del microondas. También se corre el riesgo de incendios o explosiones. En lo referente a los líquidos, hay que cuidar especialmente los tiempos, pues es fácil que se calienten excesivamente y desborden el envase. Por eso no se deben utilizar recipientes de cuello estrecho y, a ser posible, hay que dejar dentro del líquido una cucharilla de madera o una varilla de cristal.

Los recipientes sellados están contraindicados, pues el aumento de presión puede hacerlos estallar. Igualmente hay que extremar las precauciones al fundir o calentar ciertos alimentos bajos en contenido de agua, como el chocolate o el aceite, ya que el peligro de que se inflamen es muy elevado. Si se quieren evitar contrariedades, es preciso no superar los tiempos de cocción recomendados y consultar el libro de datos, especialmente si los alimentos contienen alcohol. Tampoco sobran unos guantes, sobre todo si se utiliza el *grill*.

No introduzca líquidos en recipientes sellados, podrían estallar.

Comidas infantiles

Después de calentar los biberones o los alimentos para niños (durante 30 o 40 segundos a potencia máxima) es preciso agitarlos y comprobar la temperatura antes de servirlos. Unos breves movimientos favorecen la distribución homogénea del calor, evitando posibles quemaduras. El chupete se puede desinfectar cuando se cae al suelo, manteniéndolo en un vaso con agua durante un minuto al 100% de potencia y repitiendo la operación varias veces. El microndas no es un aparato esterilizador propiamente dicho. Sólo alcanza los 100° en un minuto. Por lo tanto se aconseja que permanezcan en ebullición al menos diez minutos.

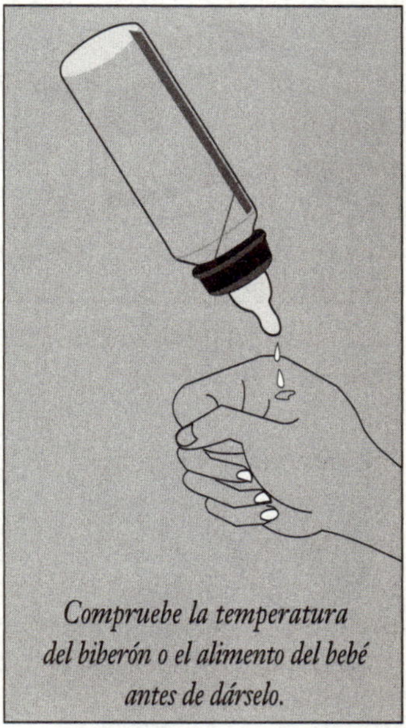

Compruebe la temperatura del biberón o el alimento del bebé antes de dárselo.

11. Utensilios para el microondas

Para cocinar en el microondas se pueden utilizar muchos de los utensilios que habitualmente tenemos en casa. Sólo se requiere que estén elaborados con materiales permeables y dejen pasar las microondas: Pirex, Arcopal, Arcoroc, Duralex, Pyroflam, Visión, cristal no muy fino, porcelana, loza, cerámica, madera, mimbre, plástico o barro no vitrificado. Hay vajillas decoradas con filos o dibujos de oro y plata y otras que cuentan con hierro y plomo entre sus componentes, susceptibles de soltar chispas perjudiciales para el magnetrón. La prueba para saber si un utensilio es apto para cocinar con microondas es introducirlo en el horno con un vaso lleno de agua al lado. Si pasados uno o dos minutos el agua hierve y el utensilio permanece frío, es apto. Si se ha calentado no sirve, porque absorbe las microondas.

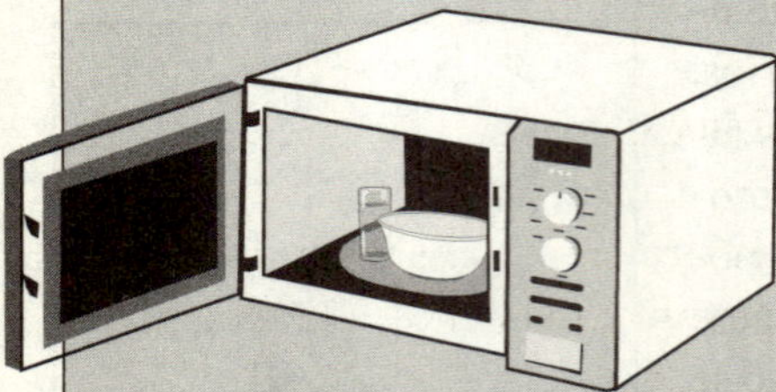

Para comprobar si un recipiente es adecuado para el microondas, introducirlo con un vaso de agua al lado. Si al cabo de 1 minuto a máxima potencia el agua hierve y el recipiente sólo está algo templado, es apto.

En el microndas se pueden emplear utensilios de plástico si no se usa el grill y objetos metálicos si sólo se emplea el grill, no el microondas. Los materiales más adecuados para ambas funciones son los refractarios de: Pirex, Arcopal, Duralex, Piroflam, Visión, porcelana, cerámica y barro.

En la actualidad se fabrican muchos recipientes específicos para las distintas cocciones que se pueden llevar a cabo en los microondas, tanto de cristal refractario como de plástico. Aquí va una lista de los más curiosos.

FLANERA DE PLÁSTICO

Tiene forma de rosca y capacidad de un litro. Es de plástico duro y permite hacer el caramelo en el mismo molde. Se acompaña de una medida para el azúcar, otra más pequeña para humedecer el azúcar y otra medida para la leche.

BANDEJA ASADORA

Es una bandeja de plástico con estrías y tapa perforada, que sirve para asar carne, pescado, pimientos, etcétera.

COCEDOR DE PASTA

Es un recipiente de plástico, con un escurridor incorporado, que permite cocer la pasta en pocos minutos y sacarla para que se escurra sin necesidad de utilizar otro utensilio. Mientras se escurre, se puede hacer la salsa en el mismo recipiente y después mezclarla con la pasta, servirla y guardar lo que sobre en la nevera, ya que también dispone de tapa. Es apto para el lavaplatos y tiene capacidad para seis raciones.

CAFETERA

Se trata de una cafetera de plástico, al estilo italiano, que consta de dos cuerpos más el depósito central. Permite hacer un café delicioso en muy poco tiempo, siempre dependiendo de la potencia del microondas. Para obtener resultados óptimos es necesario llenarla de agua hasta la marca, introducir el café en el depósito con filtro y enroscarla. Para un modelo pequeño bastan dos minutos, y para uno grande, cuatro. El horno se debe apagar cuando el café llegue cerca de la marca tope y luego dejar que se siga haciendo hasta que termine el efecto de las microondas.

ASADOR DE PATATAS

Muchas veces el horno convencional nos disuade de asar patatas, no sólo por el tiempo, sino también por el gasto de energía. Con este soporte de plástico, donde entran cuatro patatas grandes en la posición que se desee sin que se muevan, sólo se tarda veinte minutos. El único requisito es pincharlas para que se hagan bien por dentro y darles la vuelta a mitad de cocción.

OLLA A PRESIÓN

Recipiente de plástico, con tapa y asas, que mediante un pequeño enganche en cada asa sujeta firmemente la tapa para evitar que salte al aumentar la presión en el interior. Dispone de una rejilla en la parte superior, que se abre y cierra a voluntad, según convenga que salga o no el vapor. Esta tapa es desmontable para facilitar su limpieza. Como en cualquier otra olla a presión, se aconseja abrirla con cuidado para no quemarse con el vapor.

Cuenco de cristal

Grande, refractario y con 3,3 litros de capacidad. Se puede servir directamente en la mesa. Posee también una tapa de plástico para, una vez frío el alimento, introducirlo en el congelador debidamente etiquetado y, cuando se necesite, descongelar, calentar y servir sin cambiar de recipiente.

Fuente rectangular con tapa de plástico

Es de cristal refractario de 26 × 21 cm, con tapa de plástico, que también sirve para cocinar en el microondas y después guardar en el congelador.

Juego de tres ollas

Conjunto de tres prácticas ollas con tapa, especiales para cocinar en el microondas, servir la comida, guardar las sobras y volver a calentar. Son de plástico apto para el lavavajillas y, dado que se trata de tres tamaños, se pueden calentar o cocinar pequeñas y grandes cantidades.

Soporte adicional

Si se desea calentar dos platos a la vez, este soporte de plástico nos servirá de gran ayuda. Consiste en una plataforma redonda con un pie muy amplio que permite colocar un plato arriba y otro abajo. Si alguno de los platos contiene salsa o caldo, es preferible que se sitúe en la parte de abajo, para que, en caso de que se desborde, no caiga en el otro plato. El tiempo del microondas en este caso tiene que incrementarse en un 50%.

Termo

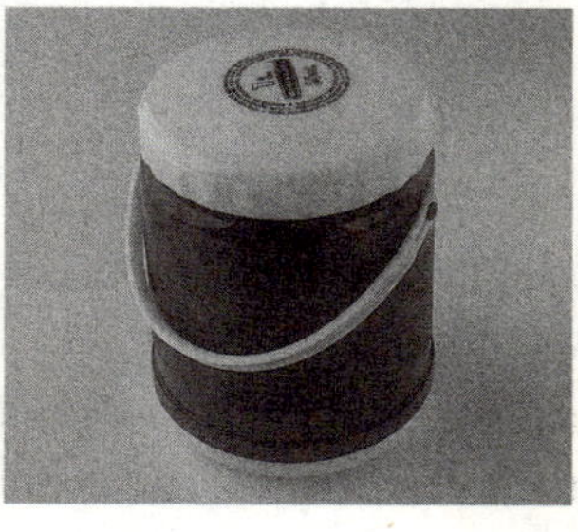

Tiene un litro de capacidad y está fabricado íntegramente de plástico. Permite llenarlo con cualquier alimento frío, mantenerlo en la nevera hasta el momento que se elija y calentarlo en el microondas. Hay que tener la precaución de hacerlo siempre sin la tapa. Es muy útil para los niños que comen en el colegio y para los adultos que lo hacen en la oficina.

FREIDORA DE TORTILLAS

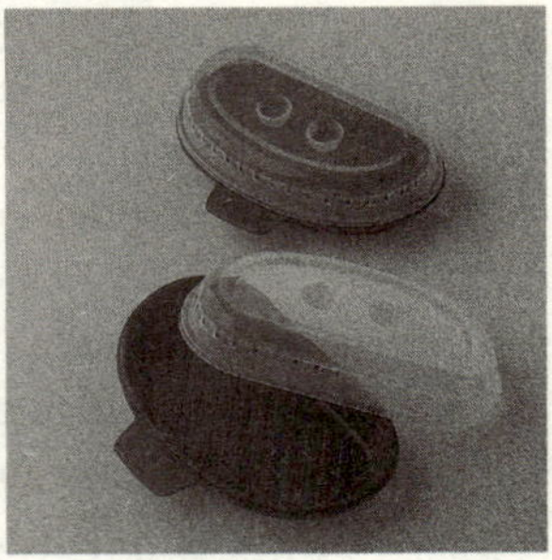

Recipiente con forma de media luna, de plástico y tapa de orificios, indispensable para hacer una tortilla en el microondas y que adquiera la clásica forma tradicional. Es preciso lavar cuidadosamente la freidora después de cada utilización, para evitar que queden restos de huevo. Se puede introducir en el lavaplatos. Una vez hecha la tortilla y con la tapa puesta, se conservará caliente entre 15 y 30 minutos. El resultado es bueno, pero difiere de la tortilla francesa a la que estamos acostumbrados.

PLATO CON DIVISIONES

Plato de plástico con tres divisiones, apto para microondas, lavaplatos y congelador. Permite calentar la comida en un minuto y medio, sin que se mezclen los tres apartados que la componen, aun cuando alguno de ellos tenga guarniciones. Las divisiones mantienen separados los alimentos y es perfecto para guardar, recalentar y servir.

JUEGO DE TAPAS PARA PLATOS

Conjunto de tres tapas de distintos tamaños que sirven para evitar las salpicaduras y tener que pasar el paño constantemente. Las tapas están agujereadas para permitir la salida del vapor al tiempo que evitan que la comida se reseque en exceso. Se pueden ajustar a cualquier tamaño de plato y las medidas difieren entre los 26 cm de diámetro de la más grande y los 21 cm de la más pequeña.

FUENTE DESCONGELADORA

Recipiente de plástico, con tapa y rejilla, imprescindible para descongelar de una forma segura y rápida. La carne o pescado se colocan sobre la rejilla, para que las microondas penetren por la parte inferior. De este modo, si el alimento desprende líquido, éste se filtrará a través de la rejilla y la comida permanecerá seca.

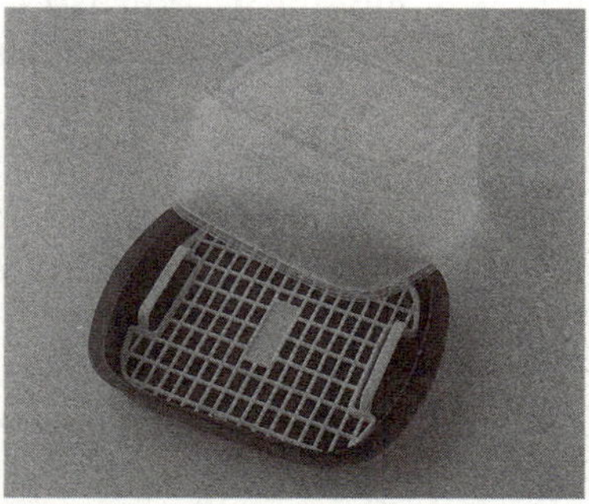

Pasa-huevos 'micro instant'

En pocos segundos y sin necesidad de agua se pueden hacer huevos pasados por agua, blandos o cocidos. Hay que cascar 1 o 2 huevos, ponerlos en el pasa-huevos, pinchar las yemas, colocar la tapa e introducirlos en el microondas, graduando el tiempo de cocción entre 40 y 50 segundos al 75% de potencia. También se pueden hacer huevos revueltos. Si se emplea algún ingrediente como jamón, salmón ahumado, etcétera, basta con un huevo por persona. Se sirve en el mismo recipiente.

Tetera

Es de plástico, dispone de un depósito para las hierbas y se utiliza para hacer y servir todo tipo de infusiones. El tiempo depende de la potencia del microondas, por lo que es recomendable empezar con periodos cortos e ir aumentándolos poco a poco. Lleva incorporado un silbato que suena cuando el agua hierve y está lista para introducir las hierbas. Luego no hace falta más que taparla y dejarla reposar el tiempo necesario.

Palomitero

A la vez que existen en el mercado unas bolsas preparadas con todos los ingredientes para hacer palomitas en el microondas, se puede adquirir también un recipiente especial que nos permite hacerlas a nuestro gusto de sal y sin necesidad de añadir aceite. Se llenan de granos de maíz las cavidades del fondo del palomitero, se tapa abrochando las presillas y, en tres minutos a potencia máxima, lo tendremos repleto de palomitas.

Freidor de hamburguesas

Conjunto de dos recipientes con tapa. Se pinta la carne con aceite y se coloca sobre la superficie estriada, que recoge el exceso de agua de la carne. Se puede usar para cualquier tipo de carne: ternera, pollo, pavo, incluso embutidos. El tiempo de cocción depende, como es lógico, de la potencia de cada horno.

12. Consejos prácticos

En este capítulo incluimos algunos consejos que ya están implícitos en los textos anteriores, pero que al ser expuestos de forma rápida y concisa pueden resultar más prácticos. Los hemos clasificado por temas para facilitar el acceso.

Nuevo microondas

- Al adquirir un nuevo microondas es preciso leer con cuidado el libro de instrucciones y así partir de una idea clara de las características e innovaciones que aporta el nuevo aparato respecto al que poseíamos. Pueden variar la potencia, los tiempos de cocción, calentamiento y descongelación, e incorporar prestaciones que el anterior no tenía.
- No todos los microondas son iguales, aun siendo de la misma marca y modelo.
- Dadas sus características, el microondas se puede empotrar —siempre que tenga ventilación por la parte de atrás— o colocar sobre una encimera o mesa con ruedas para transportarlo de un lugar a otro.
- Se puede instalar en cualquier habitación de la casa exceptuando el cuarto de baño. No precisa más que un enchufe. Lo más cómodo es colocarlo a la altura de los ojos.
- Hasta que nos acostumbremos al nuevo modelo, para controlar la cocción, podemos abrir la puerta del horno cuantas veces lo creamos necesario, sin que influya en el resultado final.

Dónde calienta más

- Dentro de un microondas hay puntos fríos y calientes. Para saber dónde se encuentran, debemos colocar varios vasos con agua a la misma temperatura; uno en el centro y los demás alrededor en círculo, como los números de un reloj. Comprobaremos que en unos vasos el agua hierve antes que en otros porque hay zonas donde llegan menos microondas.
- El alimento colocado en el borde del plato o fuente se hace antes que el situado en el centro.
- A pesar del plato giratorio, si nuestro aparato no está provisto de dos magnetrones, es conveniente, siempre que no se trate de un molde o pastel, remover de cuando en cuando el alimento para que el calor se reparta por igual.

Para obtener un cocinado o calentamiento uniforme, mover los alimentos del borde, que es donde más inciden las ondas, al centro del recipiente.

- Los flanes y pudines cuajan mejor en moldes de rosca.

Nuevas tecnologías

- En los hornos que controlan el peso, si la cantidad de alimento que queremos calentar es muy ligera, hay que poner un plato que pese o una taza con agua, pues de lo contrario emitirá la señal de vacío y no funcionará.

- Si se va a emplear el *grill*, no se pueden utilizar recipientes de plástico, ya que se quemarían. Los mejores son los de pírex o cristal refractario.
- La bandeja doradora es el único utensilio que se puede introducir vacío en el microondas, ya que tiene una alineación especial en su base que absorbe las microondas para que adquiera una temperatura muy alta y sirva para dorar.
- Hay que tener cuidado al manipular la bandeja doradora para no quemarnos y apoyarla siempre sobre madera resistente o un paño doblado. Nunca sobre encimeras de material que se pueda estropear.
- En la actualidad existen microondas con dos magnetrones, que consiguen una mejor distribución de las ondas electromagnéticas.

Alimentos

- Las ondas electromagnéticas llegan mejor a los alimentos si éstos se colocan sobre una rejilla encima del plato giratorio.
- Todos los alimentos que estén envueltos en una membrana, como las yemas de huevo, las salchichas, las patatas y frutas con piel, los tomates, etcétera, hay que pincharlos en varios sitios para que no estallen.
- Dado que las microondas penetran entre 2,5 y 3 cm en el alimento, no debemos olvidar que se hace antes si lo dividimos en varias porciones. En un único bloque tardará más.

Como las ondas penetran unos 2,5-3 cm en el alimento, se recomienda emplear recipientes planos y de poca altura antes que menores y más profundos.

- Al cocinar sin o con poco agua, hemos de ser cautos en el empleo de sal y especias. El microondas potencia los sabores.
- Elegir piezas del mismo tamaño para que se hagan al mismo tiempo.

Tanto para descongelar como para cocinar, se deben elegir piezas del mismo o semejante tamaño.

- Si hay que añadir agua o líquido frío mientras se está cocinando, hay que hacerlo despacio para que no salte.
- Cuecen antes el caldo, la leche y todos los líquidos que contengan grasa o azúcar que el propio agua, porque absorben más las microondas.
- Para cocinar en el microondas se necesita mucha menos cantidad de agua que en la cocina tradicional.
- En el microondas hay poca evaporación, pero la hay. Unos 12 gramos de agua por minuto, que en 5 minutos sería algo más de medio vaso de vino. Como se cocina sin agua, los líquidos que se evaporan pertenecen al alimento. Por esta razón se deben tapar para que no se resequen.
- Una de las cualidades del microondas es conservar los valores nutritivos de los alimentos, gracias a los tiempos cortos de cocción, a las temperaturas no muy elevadas y a que se hacen en su propio jugo.
- La calidad de los alimentos, aun de la misma clase, influye en el tiempo de cocción. Hay perdices jóvenes y viejas, ju-

días tiernas y duras, etcétera. No conviene olvidar esto cuando se elabore una receta.

- El microondas no es un autoclave ni un esterilizador. Si se calientan alimentos que no están en perfectas condiciones de salubridad, no morirán las bacterias igual que si hubieran hervido al fuego durante cinco minutos. Incluso puede que proliferen.
- Si se calienta un plato de comida se debe consumir cuanto antes porque, como el recipiente no toma más calor que el de los alimentos, se enfría rápidamente.
- En las recetas que lleven queso, éste se debe añadir al final, ya que al ser muy graso absorbe más las microondas y se corre el riesgo de que se queme.
- Los alimentos fríos, recién sacados de la nevera, se calientan con más lentitud que si hubieran estado a temperatura ambiente.
- Hay un truco para cuando surjan dudas respecto al tiempo de cocción de un alimento determinado: cocinarlo durante la cuarta parte del tiempo que se emplearía con el procedimiento tradicional. Siempre se estará a tiempo de cocerlo un poco más sin que se estropee. Lo mismo ocurre con la sal y las especias. Si se pone poca cantidad siempre se está a tiempo de rectificar.
- Si se varía la cantidad de alimento de una receta hay que tener en cuenta que, a mayor cantidad, más tiempo de cocción, y a menor cantidad, menos tiempo. El doble de alimento necesita un poco más del 50% de tiempo añadido.
- Los alimentos siguen cociendo una vez se ha apagado el microondas. Por lo tanto, aunque parezcan poco hechos, hay que dejarlos en reposo hasta que las microondas dejen de actuar.
- Si la mantequilla está en la nevera y la queremos utilizar a temperatura ambiente, basta con meterla en el microondas

durante 1 minuto por cada 100 gramos, en descongelación o a temperatura muy baja: 25%.

- El microondas es muy interesante para las personas que tienen que llevar algún régimen, pues permite cocinar con muy poca o ninguna grasa, simplemente aliñando los alimentos con un poco de limón, ajo picado, sal, perejil, hierbas o especias.
- Para saber si el contenido de un plato está suficientemente caliente, hay que tocarlo por debajo en el centro.
- Los alimentos se descongelan más rápidamente si están divididos en porciones.

Precauciones elementales

- No se debe introducir en el microondas ningún utensilio metálico, porque al reflectar las microondas pueden dañar el magnetrón y producir averías importantes.

Como los metales reflectan las microondas, si se introducen utensilios metálicos o con adornos, se producen chispas que pueden dañar el magnetrón.

- Tampoco se debe poner en funcionamiento cuando está vacío, ya que las microondas, al no ser absorbidas por nada, actuarían contra el magnetrón.
- Con el único utensilio vacío que se puede poner en marcha el microondas es con la fuente doradora, porque las microondas son absorbidas por su base.
- No introducir nunca recipientes herméticamente cerrados, pues los vapores del interior hacen que se dilaten y puedan estallar.
- No emplear recipientes de boca estrecha, para que el líquido al calentarse no se proyecte fuera.
- La bandeja o plato dorador acumula mucho calor en el fondo. No hay que olvidarlo a la hora de manipularla. Nunca se debe apoyar sobre superficies que no resistan el calor.
- Hay que asegurarse de que los platos y recipientes no estén decorados con filos dorados o plateados, porque harían saltar chispas. En caso de distracción, hay que apagar el horno inmediatamente.
- Nunca se deben emplear recipientes rotos, astillados o reparados con pegamento.
- No colocar un recipiente de pírex o cristal recién sacado del horno sobre una superficie mojada o mármol frío. Podría estallar.
- No introducir ropa o papeles para secar en el microondas. Hay riesgo de incendio.
- No hay que excederse en los tiempos de cocción de patatas y frutas con piel. También podrían incendiarse.
- Cuando se calienta agua, leche u otro líquido no se debe superar el tiempo que indica el libro de instrucciones. Y para mayor seguridad, mantenerlo en reposo dentro del horno durante unos minutos, el tiempo suficiente para que las moléculas dejen de producir calor. De lo contrario el líquido podría precipitarse fuera del recipiente y producir quemaduras.
- Si el horno no cuenta con plato giratorio, se debe mover el recipiente con la comida varias veces durante su cocción.

Utensilios

- Algunos microondas tienen entre sus accesorios rejillas de distintas alturas que resultan muy útiles, ya que permiten que las microondas actúen por la parte inferior del plato.

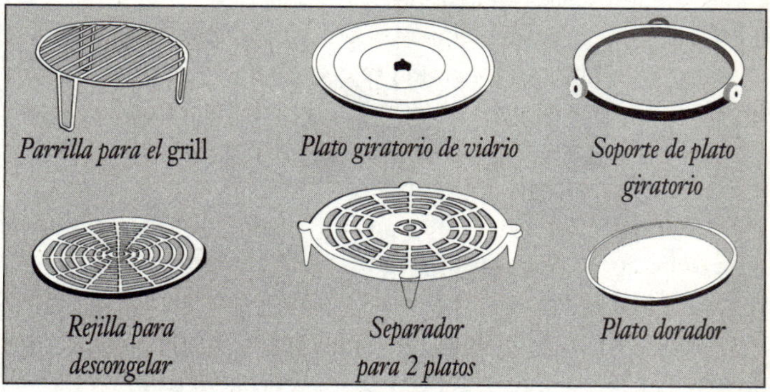

Parrilla para el grill · *Plato giratorio de vidrio* · *Soporte de plato giratorio*

Rejilla para descongelar · *Separador para 2 platos* · *Plato dorador*

- La rejilla también es muy útil para descongelar.
- No todos los cacharros de barro son recomendables para el microondas. Si están vitrificados pueden llevar hierro o plomo en su composición. Lo mismo ocurre con algunas vajillas de loza o porcelana.
- Para saber si un utensilio es apto o no hay que introducirlo en el microondas junto a un vaso con agua. Si después de 1 minuto al 100% de potencia continúa frío y el agua se ha calentado, quiere decir que no absorbe las microondas. Si está caliente no es apto. Cuando los recipientes para microondas se calientan es porque el calor se lo transmite el alimento.
- Actualmente los cacharros de barro están en desuso, sobre todo para el pescado, ya que conservan el calor durante mucho tiempo y el alimento se podría pasar. Además tardan mucho en calentarse y, si no se usan con frecuencia, podrían adquirir un olor a rancio difícil de quitar.

- Cuando se va a utilizar el *grill* no se pueden introducir utensilios de plástico o cristal no refractario. Se debe emplear el pírex o vidrio refractario: Arcoroc, Duralex, Arcopal, Pyroflam, Visión, etcétera.

Los recipientes y objetos de papel, madera, mimbre, cartón y plástico, deben usarse con precaución por la posibilidad de que en un tiempo prolongado puedan quemarse e incluso arder dentro del horno.

LIMPIEZA

- La manera de mantener limpio el microondas es pasar una bayeta humedecida en agua caliente inmediatamente después de su uso.
- Si quedan manchas de salpicaduras en las paredes, se puede poner a hervir una taza con agua y unas gotas de zumo de limón durante 1 o 2 minutos al 100%, y repetir la operación si fuera necesario. El vapor bañará las paredes y con pasar una bayeta limpia será suficiente para dejarlo limpio.
- Para eliminar malos olores o perfumarlo, hacer la misma operación con dos o tres clavos de olor o una hoja de laurel. También se obtiene el mismo resultado con medio limón en el agua después de dos minutos.

- No utilizar nunca líquidos abrasivos, *sprays* limpia-hornos, ni rascar con ningún objeto punzante.
- Si después de limpiar la bandeja doradora no queda del todo brillante, añadir un chorrito de agua y otro de lejía y dejarla durante un par de horas. Al aclararla quedará como nueva.

13. Consejos breves sobre otros usos del microondas

Pelar cítricos

Un manera de pelar fácilmente las naranjas y los limones es introducirlos en el microondas durante 20 segundos a potencia máxima.

Obtener más zumo de los cítricos

También sirve para obtener más zumo de naranjas y limones, teniéndolos hasta 30 segundos al 100% de potencia.

Sal húmeda

La humedad suele apelmazar la sal. Para secarla hay un método muy sencillo y rápido: ponerla sobre un papel absorbente y meterla en el microondas durante 1 minuto al 100% de potencia.

Mantequilla y queso muy duros

Emplear mantequilla y queso de untar recién sacados de la nevera entraña una gran dificultad. Para ablandarlos ligeramente, sin que pierdan propiedades, hay que introducirlos durante 1 minuto a potencia de descongelación.

CONSERVAR HIERBAS

Las hierbas frescas suelen resultar caras y, en muchas ocasiones, sólo se utiliza una pequeña cantidad. Es conveniente, por lo tanto, conocer un método para conservar secas las que nos sobren. Colocar las hojas sin tallos entre dos servilletas de papel y ponerlas a máxima potencia durante 2 minutos. Cuando se enfríen, guardarlas en un bote de cristal hermético.

GALLETAS BLANDAS

Cuando las galletas se quedan blandas por la humedad del ambiente, hay que colocarlas sobre papel absorbente en una única capa y dejarlas a la máxima potencia durante 1 minuto. Dejar que se enfríen y guardarlas en una lata.

PALOMITAS Y CORTEZAS CRUJIENTES

Cuando las cortezas o palomitas se reblandecen, se colocan sobre papel absorbente y se meten durante 1 minuto al 100%. Perderán humedad por evaporación y quedarán muy crujientes. Si es necesario se puede repetir la operación.

FRUTOS SECOS

Extender los frutos secos poco tostados o reblandecidos sobre una bandeja, sin amontonarlos, e introducirlos en el microondas durante 1 minuto a potencia máxima. Cuando estén fríos, guardarlos en botes herméticos.

Adobos sabrosos

Para que adobos y marinadas potencien su sabor, se les puede dar un hervor durante 3-5 minutos al máximo de potencia. Luego se espera a que enfríen y se utilizan.

Tostar almendras

Extender las almendras o avellanas en un plato plano, dejando el centro vacío, e introducirlas en el microondas al 75% de potencia durante 2-4 minutos, dependiendo de la cantidad y moviéndolas cada minuto.

Pelar avellanas y pistachos

Una vez se han desprovisto de su cáscara dura, las avellanas y los pistachos se pueden pelar muy bien en el microondas. Se colocan sobre el plato giratorio formando una corona hasta que se calienten. Después no hay más que frotarlos con las manos para que las pieles se desprendan solas.

Calentar biberones

Los biberones y potitos se pueden calentar en el microondas, destapados y durante 30 segundos a máxima potencia. Hay que agitarlos bien para unificar la temperatura y comprobarla antes de dárselos al niños.

Pelar cebollas francesas

Para pelar con facilidad cebollas francesas se calienta agua a punto de ebullición en el microondas a máxima potencia. Luego, ya fuera del horno, se introducen las cebollas y se dejan escaldar durante 5 minutos. También se pueden introducir secas y extendidas sobre el plato giratorio hasta que se calienten, sin dejar que se cuezan, y pelarlas después.

Para secar la ralladura de limón o naranja

Colocar las pieles enteras o ralladas sobre papel absorbente. Taparlas también con papel absorbente e introducirlas en el microondas al lado de un vaso de agua cubierto con plástico de cocina para que no produzca vapor. Mantenerlas durante 2-3 minutos al 75% de potencia. Si la piel estaba entera, en cuanto se enfríe se aplasta con el rodillo sobre la mesa para que se pulverice.

Coco rallado húmedo

Cuando el coco rallado se ha humedecido, introducirlo sobre papel absorbente durante 1 minuto a máxima potencia para que vuelva a estar en perfectas condiciones.

Remojo de frutos secos

Para remojar rápidamente pasas, ciruelas pasas, orejones, etcétera, hay que ponerlos en un recipiente, cubiertos de agua, e introducirlos en el microondas al 100% hasta que el agua entre en ebullición. Luego dejar reposar durante 5 minutos.

Remojar legumbres

Para acelerar el remojado de las legumbres, cubrirlas de agua y meterlas en el horno hasta que hiervan. Mantener la ebullición 2 minutos. Dejarlas reposar en el líquido una hora y media. Tirar el agua y guisarlas.

Tablas de Descongelación, Calentamiento y Cocinado

Guía de descongelación

Comida	Número de unidades	Peso o tamaño
ARROZ		
Cocinado		2 tacitas
AVES		
Pavo entero	1	1/2 kilo
Pollo en trozos	1	1/2 kilo
Pollo o pato pequeño entero	1	1/2 kilo
CARNE		
Las carnes pueden descongelarse en su envoltorio original, pero recuerde que incluso la carne envuelta debe colocarse sobre una rejilla para recoger los jugos mientras va descongelándose. Los cortes grandes requieren periodos de descanso durante la descongelación para evitar que la carne empiece a cocinarse por fuera mientras sigue congelada por dentro.		
Beicon Lonchas	1 paquete	200 gramos
Buey o vaca con huesos, como costillas		1/2 kilo
Carne de vaca sin hueso, o lomo		1/2 kilo
Solomillo o filetes gruesos cortados		1/2 kilo

Tiempo aproximado en posición baja o descongelación	Instrucciones adicionales
2 minutos	Mover a mitad del tiempo.
15 minutos	Descansar 5 minutos cada 15 y dar la vuelta al pavo siempre en el mismo sentido para rotarlo entero.
5-7 minutos	Separar los trozos durante la descongelación. Dejar reposar 10 minutos.
6-8 minutos	Dejar reposar durante 5 minutos cada 6-8 minutos.
2 minutos	Quitar el envoltorio y separar las lonchas en cuanto se pueda. Dejar reposar 6-8 minutos.
10-12 minutos	Tapar el hueso con papel de aluminio. Darle la vuelta cada 3 minutos.
8-10 minutos	Dar vueltas cada 2 ó 3 minutos durante la descongelación y si da muestras de empezar a cocinarse. Dejar reposar 1 hora.
8-10 minutos	Dejar reposar 10 minutos.

Guía de descongelación

Comida	Número de unidades	Peso o tamaño
Carne picada		1/2 kilo
Carne en dados		1/2 kilo
Hamburguesas estándar	2 4	50 gramos cada una
Bocadillos hamburguesa	2	
Cerdo		1/2 kilo
Chuletas		1/2 kilo
Salchichas		1/2 kilo
Solomillo o lomo		1/2 kilo
Cordero/Ternera Carne de 1.ª		1/2 kilo
Carne picada de cordero o ternera, o cerdo		1/2 kilo
Chuletas		1/2 kilo
Chuletas de cordero		1/2 kilo
DESPOJOS		
Hígado		1/2 kilo

Tiempo aproximado en posición baja o descongelación	Instrucciones adicionales
8-10 minutos	Dejar reposar 10 minutos.
8-10 minutos	Dejar reposar 10 minutos.
2 minutos	Dejar reposar 5 minutos
2-3 minutos	
2 minutos	Dejar reposar 2 minutos.
7-8 minutos	Cubrir las partes salientes o huesos de los extremos con papel de aluminio. Dejar reposar durante 1 hora.
8-10 minutos	Separar durante la descongelación y colocar de forma simétrica con los huesos hacia el centro. Dejar reposar 10 minutos.
8-10 minutos	Separar durante la descongelación. Dejar reposar 10 minutos.
8-10 minutos	Dejar reposar 10 minutos.
5-6 minutos	Cubrir cualquier pequeño saliente, como las patas del cordero, con papel de aluminio. Darle la vuelta mientras se descongela. Dejar reposar 30-45 minutos.
8-10 minutos	Dejar reposar 10 minutos.
6-8 minutos	Dejar reposar 10 minutos.
6-8 minutos	Separar durante la descongelación. Dejar reposar 10 minutos.
8-10 minutos	Si está cortado, separar durante la descongelación. Dejar reposar 5 minutos.

Guía de descongelación

Comida	Número de unidades	Peso o tamaño
FRUTA		
Frambuesas		250 gramos
Fruta blanda, como fresas		250 gramos 500 gramos
Zumo de fruta	1 bote	178 ml
MASAS		
Pasta brisa	1 paquete	250 gramos
y hojaldre	1 paquete	500 gramos
PAN		
Barra cortada	1	grande
Barra cortada	1	pequeña
Barra entera	1	grande
Barra entera	1	pequeña
Panecillos	2	
	4	
PASTELES		
Bizcocho	1	500 gramos
Bizcocho con Crema	1	15 cm diámetro
Cake	2	pequeño
	4	pequeño

Tiempo aproximado en posición baja o descongelación	Instrucciones adicionales
3-5 minutos	Extenderlas lo más posible y reposar.
3-5 minutos 3-5 minutos	Extenderlas lo más posible durante la descongelación y periodo de reposo.
2-3 minutos	Sacar la tapa. Dejar reposar 3-5 minutos.
1 minuto	Dejar reposar 20 minutos.
2 minutos	Dejar reposar 20-30 minutos.
6-8 minutos 4-6 minutos	Descongelar en el envoltorio original, eliminado cualquier elemento metálico. Dejar reposar 10-15 minutos.
6-8 minutos 4-6 minutos	Colocar en el m.o. sobre una servilleta. Darle la vuelta. Dejar durante la descongelación. Dejar reposar 5-15 minutos.
15-20 segundos	Colocar sobre una servilleta. Controlar el tiempo cuidadosamente.
25-35 segundos	Dejar reposar 2-3 minutos.
1-1 y 1/2 minutos	Colocar sobre una servilleta. Comprobar y darle la vuelta después de 1 minuto. Dejar reposar 5 minutos.
30 segundos en alto	Colocar sobre una servilleta. Dejar reposar 20-30 minutos.
30-60 segundos	Colocar sobre una servilleta.
1-1 y 1/2 minutos	Dejar reposar 5 minutos.

Guía de descongelación

Comida	Número de unidades	Peso o tamaño
PESCADOS		
Colas de langosta		cada 250 gramos
Filetes de pescado blanco, como bacalao, abadejo, gallo o lenguado		500 gramos
Filetes de salmón ahumado		250 gramos
Gambas		100 gramos 250 gramos
Gambas, langostinos, carne de cangrejo en bloque		1/2 kilo
Pescado graso, como caballa, arenque, trucha enteros y limpios		250 gramos

Tiempo aproximado en posición baja o descongelación	Instrucciones adicionales
3-4 minutos más de 2-3 minutos Para toda la cola	Dejar reposar 5 minutos entre los dos intervalos y 5 minutos al final.
3-4 minutos	Dejar reposar 5 minutos entre los dos intervalos y 5 minutos al final.
2-3 minutos	Separarlos en cuanto se puedan y colocarlos de forma simétrica.
2 y 1/2 minutos 3-4 minutos	Rasgar la bolsa de plástico. Dejar reposar 2 minutos. Dar la vuelta. Separarlas con un tenedor después de 2 minutos. Dejar reposar 3 minutos, lavarlas.
2-3 minutos más 2-3 minutos	Dejar reposar 5 minutos entre los dos intervalos y 5 minutos al final.
2-3 minutos	Dejar reposar 5 minutos entre los dos intervalos y 5 minutos al final.

Guía de descongelación

Comida	Número de unidades	Peso o tamaño
POSTRES		
Mousse	1	individual
Pastel de queso cubierto de frutas	1	25 cm
Tarta de fruta	1	750 gramos
PRODUCTOS LÁCTEOS		
Mantequilla o margarina	1 paquete	250 gramos
Nata montada		250 ml
Queso cremoso		75 gramos

Tiempo aproximado en posición baja o descongelación	Instrucciones adicionales
30 segundos	Sacar la tapa metálica antes de descongelar. Dejar reposar 15-20 minutos.
3-4 minutos diámetro	Colocar sobre la fuente de servir. Dejar reposar 20 minutos.
4-5 minutos	Dejar reposar 5-10 minutos.
1 y 1/2 minutos	Quitar el envoltorio y colocar el bloque sobre una servilleta. Dejar reposar 5 minutos.
1-2 minutos	Quitar la tapa del envase. Dejar reposar 10-15 minutos.
1-1 y 1/2 minutos	Quitar el papel del envoltorio. Colocarlo sobre una servilleta de papel. Dejar reposar 10-15 minutos.

Tabla de cocción de verduras y hortalizas frescas

Todos los tiempos son únicamente una orientación, ya que variarán de acuerdo al tamaño y la cantidad.

Verdura u hortaliza	Preparación	Cantidad
ALCAHOFAS	Lavar y escurrir. Cortar los tallos por la base. Cortar la punta superior y la punta de algunas hojas laterales.	1 2 3
APIO	Limpiarlo y cortarlo en tiras.	500 gramos
BERENJENAS	Lavarlas, cortarlas en rodajas, sazonar y esperar 30 minutos, enjuagar y secar.	500 gramos
BONIATOS	Lavar y pinchar la piel con un tenedor. Colocar sobre papel de cocina, usar boniatos de tamaño similar.	500 gramos
BRÉCOL	Lavar y quitar las hojas exteriores y las partes duras de los tallos. Hacer un corte en los troncos para acelerar la cocción.	500 gramos
CALABACÍN	Raspar, lavar, escurrir y cortar en rodajas. No añadir más de 30 ml. de agua (2 cucharadas)	
CEBOLLAS	Pelar, cortar en rodajas o dejarlas enteras. No añadir agua.	250 gramos (rodajas) 200 gramos (enteras)
REPOLLO CORTADO EN JULIANA	Eliminar las hojas secas o defectuosas. Quitar los tallos y cortarlo.	250 gramos
COLES DE BRUSELAS	Eliminar las hojas secas del exterior. Cortar los troncos.	250 gramos 500 gramos

empo aproximado en alto	Instrucciones adicionales
5-6 minutos. 7-8 minutos 11-22 minutos	Colocarlas de pie en una fuente de forma que queden ajustadas, tapar. Servir con mayonesa, o salsas holandesa, vinagreta o mornay.
7-10 minutos	Remover durante la cocción. Servir con salsa de queso azul.
8-10 minutos	Remover a los 4 minutos.
5 minutos	Dar la vuelta a la mitad del periodo de cocción.
8-10 minutos	Mover durante la cocción. Servir con besamel con queso, o salsa de mostaza, holandesa o de huevo.
12-14 minutos	Remover dos veces suavemente durante la cocción. Dejar reposar 2 minutos antes de escurrir.
4-6 minutos.	Remover durante la cocción.
9-12 minutos	Remover durante la cocción.
4-6 minutos 7-10 minutos	Remover durante la cocción.

Tabla de cocción de verduras y hortalizas frescas

Todos los tiempos son únicamente una orientación, ya que variarán de acuerdo al tamaño y la cantidad.

Verdura u hortaliza	Preparación	Cantidad
COLIFLOR	Limpiar y separar en ramitos.	250 gramos
CHAMPIÑONES Y SETAS	Quitar los tallos, limpiar bien y no añadir agua. Cocer con 1 cucharada de aceite y un chorrito de zumo de limón.	225 gramos
ESPÁRRAGOS	Quitar la parte leñosa dejándolos a un tamaño similar.	500 gramos
ESPINACAS	Lavar y eliminar hojas marchitas y troncos duros; no añadir agua.	500 gramos
GUISANTES	Desgranados.	500 gramos
JUDÍAS VERDES	Quitar las hebras y cortarlas en tiras finas.	500 gramos
NABOS	Pelar y cortar en cubitos.	500 gramos
PATATAS ASADAS CON PIEL	Lavar y pinchar la piel con un tenedor. Colocarlas de forma simétrica.	1 patata (175 gramos) 2 patatas
HERVIDAS (VIEJAS)	Lavar y pelar. Cortar en trozos de 40 gramos.	500 gramos
HERVIDAS (NUEVAS) pequeñitas	Lavar la piel.	500 gramos

empo aproximado en alto	Instrucciones adicionales
7-8 minutos	Remover durante la cocción. No sazonar la verdura.
2-3 minutos	El tiempo variará según el tipo y si están enteros o en trozos. Remover suavemente durante la cocción.
6-8 minutos	Colocar los tallos hacia el exterior del plato. El tiempo de cocción variará según el grueso y la edad. Servir con queso, limón, holandesa o vinagreta, o con yogur.
6-7 minutos	Dar la vuelta al plato durante la cocción. Servir con salsa de queso o de huevo.
5-8 minutos	El tiempo variará según el tipo de guisantes. Remover durante la cocción.
12-16 minutos	Remover durante la cocción. El tiempo variará con el tipo y el tamaño.
10-15 minutos	El tiempo variará según la época y la calidad. Mover durante el periodo de cocción, dejar reposar.
minutos, más 4 minutos, más 6	Darle la vuelta a la mitad del periodo de cocción y reposar 2 minutos.
7-10 minutos.	Mover durante el periodo de cocción.
6-8 minutos.	Mover durante el periodo de cocción.

Tabla de cocción de verduras y hortalizas frescas

Todos los tiempos son únicamente una orientación, ya que variarán de acuerdo al tamaño y la cantidad.

Verdura u hortaliza	Preparación	Cantidad
PUERROS	Lavarlos cuidadosamente, quitar las partes no comestibles y cortar en tiras.	500 gramos
REMOLACHA	Lavar y pinchar la piel con un tenedor. No cortar los tallos.	4
ZANAHORIAS	Raspar o pelar y cortar en tiras o en rodajas.	250 gramos 500 gramos

iempo aproximado en alto	Instrucciones adicionales
8-12 minutos	Remover durante la cocción.
7-8 minutos	Mover durante la cocción. Sacar piel y tallos después de cocidos.
7-8 minutos 10-12 minutos	Remover durante la cocción.

Tabla de cocción de verduras y hortalizas congeladas

Las verduras y las hortalizas congeladas pueden cocinarse recién sacadas del congelador. Muchas de ellas podrán cocinarse en sus envases originales, que previamente se habrán agujerado y colocado sobre un plato o fuente.

Verdura u hortaliza	**Cantidad**	**Tiempo aproximado en alto**
BRÓCOLI	250 gramos	7-9 minutos
COLES BRUSELAS	250 gramos	6-8 minutos
ESPÁRRAGOS	250 gramos	7-9 minutos
ESPINACAS ENTERAS O TROCEADAS	250 gramos	7-9 minutos
COLIFLOR	250 gramos	7-9 minutos
GUISANTES	250 gramos	5-6 minutos
GUISANTES Y ZANAHORIAS	250 gramos	7-8 minutos
JUDÍAS VERDES CORTADAS	250 gramos	6-8 minutos
MENESTRA DE VERDURAS	250 gramos	5-6 minutos
ZANAHORIAS	250 gramos	6-7 minutos

Instrucciones adicionales
Cambiar de posición a los 3 minutos.
Remover durante el periodo de cocción.
Separar y colocarlas de otra forma a los 3 minutos.
No añadir agua. Remover durante el periodo de cocción.
Remover durante el periodo de cocción.
Remover durante el periodo de cocción.
Remover durante el periodo de cocción.
Remover durante el periodo de cocción.
Remover durante el periodo de cocción.
Remover durante el periodo de cocción.

Tabla de cocción del arroz y de la pasta

Comida	Preparación	Cantidad
ARROZ DE GRANO LARGO	Poner en un recipiente de 2 y 1/2 litros la mitad de su capacidad de agua con sal hirviendo y 1 cucharada de aceite.	250 gramos
PASTA PEQUEÑA MACARRONES, FIDEOS ESPAGUETIS	Poner en un recipiente de 2 y 1/2 litros la mitad de su capacidad de agua con sal hirviendo y 1 cucharada de aceite.	250 gramos

Instrucciones para las aves

Los tiempos dados en esta tabla se tomarán como una orientación, ya que pueden variar muchos factores que los alteren. Siga las instrucciones y sugerencias del fabricante de su modelo.

Comida	Tiempo aproximado en alto
PATO ENTERO	15-20 minutos
PAVO ENTERO	40-50 minutos
POLLO ENTERO	15-20 minutos
POLLO TROCEADO	6-7 minutos

iempo aproximado en alto	Instrucciones adicionales
10-12 minutos	Dejar reposar tapado durante 10 minutos después de sacar del m.o.
10-15 minutos	Dejar reposar tapado durante 10 minutos después de sacar del m.o.

Instrucciones adicionales
Poner la parte de la pechuga hacia arriba a la mitad del tiempo de cocción. Dejar reposar, tapando con papel de aluminio, durante 10-15 minutos.
Volver tres o cuatro veces durante la cocción. Dejar reposar tapando con papel de aluminio, durante 10-15 minutos.
Poner la parte de la pechuga hacia arriba a la mitad del tiempo de cocción. Dejar reposar, tapado con papel de aluminio, durante 10-12 minutos.
Cambiar de posición mientras se cocina. Dejar reposar, tapando con papel de aluminio, durante 5-10 minutos.

Instrucciones para las carnes

Comida	Tiempo aproximado en alto
VACA (solomillo o lomo) **Bistec de 200 gramos**	Poco hecho: 5-6 minutos Regular: 7-8 minutos Muy hecho: 8-10 minutos
Trozos con hueso (chuletas)	Poco hecho: 5 minutos Regular: 6 minutos Muy hecho: 8 minutos
CERDO	Muy hecho: 9 minutos
CORDERO-TERNERA	Muy hecho: 8-9 minutos

Instrucciones adicionales
Dar la vuelta durante la cocción. Dejar reposar, tapando con papel de aluminio durante 15 minutos.
Cubrir el hueso con papel de aluminio durante la mitad de la cocción. Dejar reposar tapando con papel de aluminio durante 15 minutos.
Cubrir las partes más estrechas o el hueso con papel de aluminio durante la mitad del tiempo de cocción. Dejar reposar tapando con papel de aluminio durante 15 minutos.
Cubrir las partes más estrechas, como el extremo de la pata de cordero, con papel de aluminio durante la mitad del tiempo de cocción. Dejar reposar tapando con papel de aluminio durante 15 minutos.

RECETARIO

Canapés de cebolla y queso

Ingredientes (para 4 personas)**:** 4 rebanadas de pan de molde. 1/2 cebolla pequeña. 100 gramos de queso rallado. 4 cucharadas de mayonesa. Unas gotas de *ketchup*.
Tiempo de preparación: 20 minutos.
Calorías: 210.
■ Quitar la corteza a las rebanadas de pan y cortar cada una de ellas en cuatro canapés con un cortapastas redondo. ■ Rallar la cebolla. ■ Mezclar el queso rallado y la mayonesa con la cebolla rallada y cubrir los canapés. ■ Colocarlos en una fuente o directamente sobre el plato giratorio, coronarlos con una gota de *ketchup* en cada uno y dorarlos en el microondas con el *grill* durante 1 minuto al 100% de potencia. El *grill* debe ser encendido 2 minutos antes de empezar el proceso.
Nota: Si la cebolla está bien picada, se cubren los canapés muy rápidamente utilizando una manga pastelera con boquilla lisa. En el caso de no tener manga, hacer un cucurucho con un folio de papel, rellenarlo, cortar el extremo y hacer moñitos sobre los canapés.

Canapés de jamón, piña y queso

Ingredientes (para 4 personas): 2 rebanadas de pan de molde. 2 lonchas de jamón ahumado. 3 rodajas de piña. 3 lonchas de queso de nata. Mantequilla para untar.

Tiempo de preparación: 30 minutos.
Calorías: 250.
■ Quitar las cortezas a las rebanadas de pan. Untarlas con mantequilla y cortarlas en cuadrados iguales. Cortar el jamón y el queso del mismo tamaño que el pan y la piña en triángulos. ■ Poner un trozo de jamón sobre cada cuadrado de pan, después un trozo de piña y, por último, el queso, y sujetarlo con un palillo. ■ Colocar los canapés separados en una fuente con tapa agujereada, especial para microondas, y hacer durante 1-2 minutos al 75% de potencia, hasta que se funda el queso.
Nota: Si se dispone de un buen cuchillo, se puede cubrir el pan con el jamón antes de cortarlo, hacer los cuadrados y luego colocar la piña y el queso sobre cada uno de ellos.

CANAPÉS DE ROQUEFORT Y NUECES

Ingredientes (para 4 personas): 4 rebanadas de pan de molde. 4 lonchas de jamón serrano muy finas. 100 gramos de queso roquefort. 40 gramos de nueces. 1 huevo. 1 cucharada de nata líquida. Mantequilla, sal y pimienta.
Tiempo de preparación: 20 minutos.
Calorías: 275.
■ Quitar la corteza a las rebanadas de pan de molde y engrasarlas ligeramente con mantequilla. ■ Colocar encima de cada una una loncha de jamón, recortando los bordes y rellenando las grietas del interior del jamón. ■ Cortar cada rebanada en cuatro triángulos y distribuirlos en una fuente de microondas. ■ Mezclar el queso roquefort, las nueces (un poco picadas), el huevo y la nata, sazonar la mezcla con sal y bastante pimienta y cubrir los canapés. ■ Dejarlos durante 2 minutos y mantenerlos 5 más con el *grill* encendido a 100% de potencia.
Nota: Es suficiente con una bolita de roquefort para cada canapé, pues el calor del horno hace que ésta se extienda por

toda la superficie. La bolita se hace perfectamente con una cucharilla pequeña o con la que se utiliza para sacar bolitas de las patatas.

Canapés mallorquines

Ingredientes (para 4 personas): 4 rebanadas de pan de molde. 100 gramos de sobrasada. 4 lonchas de queso de nata.
Tiempo de preparación: 20 minutos.
Calorías: 105.
■ Quitar la corteza a las rebanadas de pan, cortarlas en cuadrados y untarlos con la sobrasada. ■ Cortar el queso en cuadrados un poco más pequeños que el pan y ponerlos sobre los canapés. ■ Colocar los canapés en una fuente refractaria (ni de plástico, ni metálica). ■ Introducir la fuente en el horno, seleccionando la función *grill* combinada con la de microondas. ■ Mantener durante 1 minuto o hasta que el queso se gratine. ■ Servirlos muy calientes, recién sacados del horno.
Nota: Para abreviar se pueden quitar las cortezas de las rebanadas de cuatro en cuatro, untarlas de sobrasada, colocar las lonchas de queso, procurando que no cuelguen por los bordes, y cortarlas al tamaño deseado antes de meterlas en el microondas.

Langostinos al whisky con salsa rosa

Ingredientes (para 4 personas): 1/2 kilo de langostinos. 8 cucharadas de whisky. Sal gorda.
Salsa rosa (*ver en Preparados auxiliares)*.
Tiempo de preparación: 30 minutos.
Calorías: 620.
■ Calentar la fuente doradora durante 5 minutos al 100% de potencia. Colocar en ella los langostinos sin pelar, en la mis-

ma posición y con las colas orientadas hacia el centro. ■ Espolvorearlos con sal gorda, rociarlos con dos cucharadas de whisky e introducirlos en el microondas durante 3-5 minutos, según su tamaño, al 100% de potencia. ■ Sacar la fuente, darles la vuelta, volver a salpicarlos con sal y rociarlos con dos cucharadas de whisky e introducirlos en el horno durante 1-2 minutos, al 100%. ■ Repetir la operación hasta terminar con los langostinos, mantenerlos al calor y reservar el jugo que, mezclado con whisky, ha quedado en la fuente dorada. ■ Servir los langostinos calientes, sin pelar, acompañados de un bol con la salsa rosa.
Nota: Es conveniente acompañar los langostinos con un lavafrutas con agua templada y una rodaja de limón para cada persona. Cambiar las servilletas o ponerlas de papel.

MEJILLONES CON BEICON

Ingredientes (para 4 personas): 1 kilo de mejillones. 150 gramos de beicon en lonchas muy finas. 1/2 vaso de vino blanco.
Tiempo de preparación: 20 minutos.
Calorías: 360.
■ Raspar las conchas de los mejillones, tirar de las barbas, cortarlas y lavarlos en el grifo cepillando las conchas. ■ Meterlos en la olla a presión de microondas con el pomo abierto y regarlos con el vino blanco. ■ Introducirlos en el horno durante 5 minutos a máxima potencia, sacarlos, escurrirlos y quitarles las conchas. ■ Cortar las lonchas de beicon por la mitad y enrollarlas, envolviendo los mejillones. Sujetar con un palillo. ■ Colocarlos de forma simétrica en un plato e introducirlos en el horno, graduarlo al 75% y dejarlos durante 3 minutos.
Nota: Estos mejillones se pueden tomar como plato o como aperitivo, siempre y cuando se coloque el palillo de forma que se puedan coger con él.

Mini pizzas

Ingredientes (para 4 personas): 4 rebanadas de pan de molde. 4 cucharadas de salsa de tomate. 1 lata pequeña de anchoas. 50 gramos de aceitunas rellenas de anchoa. 50 gramos de queso rallado. Orégano.

Tiempo de preparación: 20 minutos.

Calorías: 135.

■ Cortar cada rebanada de pan en forma de círculo con ayuda de un cortapastas redondo y cubrirla con salsa de tomate. ■ Colocar los canapés en una fuente refractaria, cubrirlos con una cucharadita de queso rallado y espolvorearlos con orégano. ■ Cortar las aceitunas en rodajas y las anchoas a lo largo. Enrollar las anchoas en las aceitunas y poner una sobre cada canapé. ■ Introducir la fuente en el horno, programado al máximo de potencia, durante 3 minutos.

Nota: Si se opta por una cena rápida, hacer las pizzas del tamaño del pan de molde, calcular dos por persona, multiplicar por cuatro los ingredientes y servirlas con una ensalada.

Paté casero

Ingredientes (para 10 personas): 1/2 kilo de salchichas blancas. 1/2 kilo de higaditos de pollo limpios. 1/4 kilo de mantequilla. 8 cucharadas de vino blanco. 2 cucharadas de *brandy*. Sal, pimienta, mantequilla y pan rallado para el molde. Rebanadas de pan de pueblo tostadas para acompañar.

Tiempo de preparación: 30 minutos.

Calorías: 250.

■ Retirar la piel de las salchichas y triturarlas junto con los higaditos limpios y la mantequilla. ■ Añadir el vino blanco y el *brandy*. ■ Engrasar con mantequilla y espolvorear de pan rallado un molde de *plum-cake* de microondas, llenar con la mezcla

y presionar bien para que no haya huecos. ■ Tapar el molde con plástico de cocina e introducirlo en el microondas durante 18 minutos al 100% de potencia. ■ Sacarlo y dejarlo enfriar. Desmoldarlo y servirlo con tostadas de pan de pueblo.
Nota: También se puede hacer en una tarrina. En ese caso no es preciso desmoldarlo, pues se puede untar directamente de la tarrina.

PATÉ DE HIGADITOS Y TRUFAS

Ingredientes (para 8 personas): 600 gramos de higaditos de pollo. 100 gramos de jamón serrano. 100 gramos de mantequilla. 1 trufa. 8 cucharadas de *brandy*. 4 cucharadas de vino blanco. 8 cucharadas de caldo de pollo. Pimienta negra, sal.
Tiempo de preparación: 30 minutos.
Calorías: 250.
■ Limpiar los higaditos: separar los corazones, si hubiera alguno, y suprimir los nervios y las zonas blancas, lavarlos y cortarlos en trozos. ■ Mezclar en la olla a presión del microondas el *brandy*, el vino, el caldo y el jugo de la trufa, añadir los higaditos y salpimentar. ■ Introducir la olla en el microondas y cocerlos durante 5-6 minutos a potencia máxima. ■ Sacar la olla del microondas y triturar los higaditos con la mantequilla hasta conseguir una mezcla homogénea. ■ Comprobar el punto de sazón, dejándolo algo bajo de sal si el jamón está salado y añadir el jamón serrano cortado en dados pequeños. ■ Cortar la trufa en láminas muy finas y mezclarlas con cuidado de que no se rompan con el paté, rectificar de sal, llenar un molde o terrina y guardarla en la nevera. ■ Servirlo con tostadas de pan muy finas.
Nota: Si se quiere conservar varios días, fundir mantequilla y cubrir la terrina con ella.

PATÉ DE PERDIZ

Ingredientes (para 4 personas): 1 perdiz. 1 trufa. 100 gramos de foie-gras de pato. 2 cucharadas de mantequilla. 4 cucharadas de vino blanco. 1 botellín de cava. 4 cucharadas de nata líquida. 100 gramos de pistachos. 1 cebolla. 1 puerro. 1 cucharadita de gelatina en polvo. 8 cucharadas del jugo de cocción de la perdiz. Sal, pimienta negra.
Tiempo de preparación: 45 minutos.
Calorías: 565.
■ Limpiar la perdiz y ponerla en una fuente refractaria con la cebolla y el puerro picados, añadir el vino y el cava, la sal y la pimienta. ■ Cubrir la fuente con su tapa o *film*, e introducirla en el microondas durante 10-12 minutos al 100%, según el tamaño de la perdiz. ■ En cuanto se pueda tocar con la mano, deshuesar la perdiz y picar la carne, colar el jugo de cocción y reservarlo. ■ Mezclar el *foie-gras* aplastado con la mantequilla, la nata líquida, la trufa picada, los pistachos pelados, la carne de perdiz picada y el jugo de cocción (menos las ocho cucharadas). ■ Introducir todo en el microondas durante 3 minutos al 100% de potencia. ■ Disolver la gelatina en las cuatro cucharadas del jugo de cocción caliente y mezclar la mitad con la preparación anterior. ■ Llenar una terrina y cubrirla con el resto de gelatina.
Nota: Esta preparación se puede hacer también con medio pollo, pero en ese caso hay que sazonarlo con un poco de tomillo y laurel, porque es más insulso que la perdiz.

PATÉ DE POLLO

Ingredientes (para 4 personas): 350 gramos de filetes de pechuga de pollo. 1/2 litro de nata líquida. 2 chalotas. Unas ramas de perejil, pimienta de Cayena, pimienta negra, sal.
Tiempo de preparación: 15 minutos.

Calorías: 300.

■ Pelar las chalotas y picarlas muy finas, lavar el perejil, secarlo y picarlo. ■ Cortar la pechuga de pollo en trozos muy pequeños e introducirla en el vaso de la batidora y triturarlos añadiendo poco a poco la nata, el perejil, la chalota y la pimienta de Cayena; salpimentar. ■ Si la batidora se viera forzada, parar, mover con una espátula y continuar triturando. ■ Llenar una terrina o un molde alargado, cubrirlo con plástico de cocina y cocer en el microondas durante 8 minutos al 100% de potencia. ■ Guardarlo en la nevera unas horas y servirlo con tostadas.

Nota: Si se corta muy frío, se pueden hacer rectángulos y colocarlos sobre tostadas del mismo tamaño.

PINCHOS DE MERO CON SALSA DE ERIZOS

Ingredientes (para 4 personas): 400 gramos de mero. 1 bolsa de espinacas frescas enteras. **Salsa:** 1/2 cebolla, 1 diente de ajo, 1 vaso de caldo de pescado, 1 cucharada de harina, 4 cucharadas de aceite, 1 lata de caviar de erizos.

Tiempo de preparación: 45 minutos.

Calorías: 235.

■ Escoger 16 hojas grandes de espinacas, lavarlas, escurrirlas y meterlas en el microondas unos segundos, hasta que se agachen. ■ Separar las hojas y extenderlas sobre un paño seco encima de la mesa. ■ Lavar y secar el mero, salpimentarlo, cortarlo en dados, envolver cada trozo en una hoja de espinaca y hacer un paquete. ■ Introducir los paquetitos en el horno durante 2 minutos a máxima potencia, pincharlos en un palillo o una brocheta corta y servirlos con la salsa de erizos en un cuenco, para que cada uno pueda mojar en la salsa.

Salsa: ■ Freír la cebolla y el ajo, ambos muy picados, en el aceite, durante 5 minutos al 100%. ■ Añadir la harina, moverla sobre la cebolla y rehogarla introduciendo de nuevo la

fuente en el microondas durante 1 minuto. ■ Regar con el caldo de pescado y cocer 3 minutos más. ■ Sacarlo y mover bien la salsa y mezclarla con las huevas. ■ Introducirla de nuevo y cocerla 1 minuto al 100% de potencia.
Nota: En el caso de no dominarse bien el microondas, es conveniente abrir el horno hacia la mitad del proceso y darle una vuelta, para que se dore por igual.

PINCHOS DE SALCHICHAS CON BEICON

Ingredientes (para 4 personas): 16 salchichas pequeñas. 8 lonchas de beicon.
Tiempo de preparación: 15 minutos.
Calorías: 630.
■ Quitar la corteza dura del beicon con ayuda de unas tijeras y cortar las lonchas por la mitad, a lo ancho. ■ Envolver cada salchicha con un trozo de beicon y sujetarlas con un palillo para que no se separen. ■ Colocarlas en una fuente, taparlas o cubrirlas con papel de plástico y hacerlas durante 2 minutos al 75% de potencia.
Nota: Al beicon que envuelve la salchicha no se le debe dar más de una vuelta, montando ligeramente los cantos que se sujetan con el palillo, para que no resulte demasiado grasiento.

TARTALETAS DE ESPUMA DE JAMÓN

Ingredientes (para 10 personas): 200 gramos de jamón serrano. 200 gramos de jamón de York. 1 vaso de agua de caldo de pollo. 2 huevos. 8 cucharadas de ron. 8 cucharadas de nata líquida. 2 hojas de gelatina. Pimienta. Tartaletas separadas.
Tiempo de preparación: 20 minutos más el tiempo de nevera.
Calorías: 150.

■ Cortar el jamón serrano y el jamón de York en dados, mezclarlos con el caldo frío y el ron, sazonar con pimienta y cocer en el microondas 2-3 minutos al 100%, moverlo y cocer 1-2 minutos más. ■ Triturarlo hasta conseguir un puré fino, añadir las yemas una a una y después la nata. ■ Poner la gelatina a remojo en agua fría durante 5 minutos, escurrirla, dejar alrededor de 2 cucharadas de agua, calentarlas 20 segundos en el microondas y mezclarla con el jamón triturado. ■ Montar las claras a punto de nieve y unirlas a la preparación anterior con movimientos envolventes. ■ Guardar en la nevera al menos 8 horas para que resulte muy firme y luego rellenar las tartaletas.
Nota: Si se desea poner como aperitivo, rellenar tartaletas pequeñas. En cambio si se quiere utilizar como entrada fría, rellenar tartaletas grandes y acompañarlas de una ensalada de brotes tiernos bien aliñada.

TOMATES CHARO

Ingredientes (para 4 personas): 16 tomatitos cereza. 1 lata pequeña de bonito en aceite. 4 lonchas de queso de nata.
Tiempo de preparación: 20 minutos.
Calorías: 215.
■ Lavar los tomates, cortar una tapa en la parte de arriba y vaciarlos de su pulpa con cuidado de que no se rompan. ■ Escurrir el bonito del aceite de la lata, desmigarlo con un tenedor y rellenar el hueco de los tomates. ■ Cortar las lonchas de queso en cuadraditos, poner uno en cada tomate y colocarlos en una fuente de microondas. ■ Introducir la fuente en el microondas durante 2 minutos al 100% de potencia, o el tiempo preciso para que se funda el queso.
Nota: Este plato puede ser una entrada fresca para el verano y hasta una cena completa si se preparan 2 hermosos tomates por persona.

ALBÓNDIGAS DE TERNERA

Ingredientes (para 4 personas): 400 gramos de carne de ternera picada. 200 gramos de carne de cerdo picada. 1 huevo. 1 copa de vino de Jerez. 2 rebanadas de miga de pan mojada en leche. 1 cebolla. 1 diente de ajo. 2 cucharadas de aceite. 1/4 litro de caldo de carne. 1 cucharada de harina. Perejil, sal y harina para rebozar.
Tiempo de preparación: 45 minutos.
Calorías: 580.
■ Mezclar la ternera y el cerdo picados con el huevo batido, la miga de pan mojada en leche y escurrida, 2 cucharadas de jerez y el perejil picado, sazonar con sal y pimienta. ■ Dar forma a las albóndigas y pasarlas por harina, calentar el aceite en la bandeja doradora y hacerlas 1-2 minutos al 100% con el gratinador encendido, dándoles la vuelta de cuando en cuando. ■ Sacar las albóndigas y freír la cebolla y el ajo picados muy finos en el mismo aceite durante 4 minutos al 100%. ■ Añadir la cuchara de harina y rehogarla 1 minuto. ■ Regar con el tomate, el caldo y el jerez, espolvorear con perejil picado y cocer 3-4 minutos a máxima potencia. ■ Mover y seguir la cocción 2-3 minutos más al 100%, incorporar las albóndigas, mezclar bien e introducir de nuevo en el microondas 10-12 minutos. ■ Dejar reposar unos minutos y servir, si se quiere, con patatas fritas en forma de dados.
Nota: Con este procedimiento, las albóndigas salen estupendamente y se pueden hacer sin el tomate, en cuyo caso se trata de un guiso normal de albóndigas en salsa.

Babilla de cerdo al cabrales

Ingredientes (para 4 personas): 1/2 kilo de babilla de cerdo en trozos. 2 cucharadas de aceite. 2 cucharadas de sidra. 1 vasito de nata líquida. 50 gramos de queso de Cabrales. Sal.
Tiempo de preparación: 15 minutos.
Calorías: 400.
■ Calentar al máximo la bandeja doradora, engrasarla y colocar los trozos de cerdo sazonados, dorarlos durante 2 minutos al 100%, parando cada medio minuto para dar la vuelta a la carne. ■ Pasado este tiempo, darles la vuelta y continuar 3 minutos más a la máxima potencia, moviéndolos de cuando en cuando. ■ No bien estén dorados todos los trozos, ponerlos en una fuente, taparlos y conservarlos al calor. ■ Agregar a la bandeja doradora el aceite restante, el queso, la nata y la sidra y cocer 2 minutos al 100%, moviendo al menos dos veces para que se una bien la salsa. ■ Verter la salsa sobre la carne, comprobar si está tierna y en caso contrario darle un hervor de 1 minuto al 100%.
Nota: Las misma receta se puede hacer con filetes de solomillo de cerdo o de ternera, dorándolos por las dos caras.

Bitoques de pollo

Ingredientes (para 4 personas): **Bitoques**: 1/2 kilo de carne de pollo picada. 50 gramos de jamón serrano. 50 gramos de aceitunas verdes sin hueso. 1 huevo duro. 1 rebanada de pan de molde mojada en leche. 1 vaso de vino de aceite. Sal, pimienta y pan rallado. **Salsa**: 4 cucharadas de aceite. 1/2 cebolla. 1 diente de ajo. 1 zanahoria pequeña. 1 vaso de vino de jerez oloroso. 1 vaso de caldo. Sal, pimienta y nuez moscada.
Tiempo de preparación: 45 minutos.
Calorías: 320.

Bitoques: ■ Picar el jamón, las aceitunas y el huevo duro, mezclarlos con la carne picada y el pan remojado en leche y escurrido y sazonarlo con sal, pimienta y nuez moscada. ■ Amasar para que se una todo y formar 4 bitoques o filetes rusos aplastados y alargados, luego pasarlos por el pan rallado. ■ Calentar aceite abundante en un recipiente plano, apto para microondas, durante 1 minuto al 100% de potencia y freír los bitoques durante unos 3 minutos, también al 100%. Después escurrirlos. ■ Cubrirlos con la salsa y cocerlos 4 minutos más a potencia máxima.

Salsa: ■ Poner en un recipiente mediano aceite, ajo, cebolla y zanahoria, todo muy picado. ■ Introducirlo en el horno durante 4-5 minutos al 100% para que se fría. ■ Cuando ya esté, sacar el refrito, regarlo con el jerez y el caldo y cocer 5 minutos al 100%. ■ Comprobar el punto de sazón, verter la salsa sobre los bitoques y cocerlos.

Nota: Los bitoques son parecidos a los filetes rusos, pero llevan más ingredientes. A algunos incluso se les pone nata líquida en la mezcla. Suelen ser algo más pequeños y de forma alargada, en lugar de redonda como los rusos.

BROCHETAS DE CERDO Y SALCHICHAS

Ingredientes (para 4 personas): 400 gramos de solomillo de cerdo. 8 salchichas pequeñas. 8 tomates cereza. 8 champiñones pequeños. 4 cebollitas. **Marinada:** 2 cucharadas de salsa de soja. 2 cucharadas de aceite de oliva. 2 cucharadas de vinagre. 1 cucharada de zumo de limón. Cilantro y sal.

Tiempo de preparación: 30 minutos.

Calorías: 260.

■ Mezclar la salsa de soja, el aceite, el vinagre y el zumo de limón. Picar unas hojas de cilantro fresco e incorporarlas. Sazonar. ■ Cortar los solomillos de cerdo en rodajas del mismo tamaño y añadirlas a la marinada, taparlas con *film* y guardarlo en la nevera unas 8 horas. ■ Colocar en las brochetas todos los ingredientes, alternándolos, pintarlos con la marinada y hacerlos en el microondas combinado con *grill* durante 10 minutos al 100%.

Nota: Si en lugar de solomillo de cerdo se emplea magro, debemos asegurarnos de que procede de una zona muy blanda.

CERDO CON VINAGRE DE JEREZ

Ingredientes (para 4 personas): 750 gramos de lomo de cerdo. 1/2 litro de vino blanco. 1 vaso de agua de vinagre de jerez. 1 cebolla grande. 1/4 kilo de zanahorias. 1 hoja de laurel. Tomillo. 1 diente de ajo. Un trocito de apio. Sal. 8 cucharadas de aceite de oliva. 3 cucharadas de azúcar. **Guarnición:** Puré de patata. (*Ver Preparados auxiliares*)

Tiempo de preparación: 30 minutos más el tiempo de maceración.

Calorías: 945.

■ Poner el lomo en maceración con el vino blanco, la mitad del vinagre, la cebolla en cascos, las zanahorias en rodajas, el laurel, un poco de tomillo, el apio, el diente de ajo y un gran pellizco de sal, durante 24 horas dándole la vuelta de cuando en cuando. ■ Secar la carne, calentar el aceite en la bandeja doradora durante 3-4 minutos y dorar la carne dándola vuelta cada dos minutos, hasta que esté por ambos lados, en total 8-10 minutos. ■ Si no se dispone de sartén doradora, hacerlo en la sartén tradicional. ■ Añadir la mitad de la cebolla, la zanahoria y las hierbas de la maceración, darles una vuelta en el aceite de dorar la carne, introducirla de nuevo al 100% durante 5 minutos, añadir 8 cucharadas del líquido de maceración y cocer otros 5 minutos más. ■ Sacar la carne a un plato, triturar y pasar la salsa por el chino o pasapurés. ■ Fundir el azúcar al 100% unos 4-5 minutos o hasta que se haga el caramelo, añadir el resto del vinagre al caramelo, cocer 1 minuto al 50% para que se deshaga el caramelo y mezclarlo con la salsa. ■ Comprobar el punto de sazón y servir el lomo, cortado en lonchas y acompañado de su salsa caliente y del puré de patata o manzana.

Nota: A esta receta le van muy bien el puré de manzana y la salsa de grosella o frambuesa (*ver Preparados auxiliares*). Las salsas se deben servir calientes; el lomo templado.

CHULETAS DE SAJONIA CON QUESO Y PURÉ DE MANZANA

Ingredientes (para 4 personas): 4 chuletas de Sajonia. 4 lonchas de queso de nata. **Puré de manzana:** 1/2 kilo de manzanas reinetas. 1 cucharada de mantequilla. 4 cucharadas de *brandy*. 3 cucharadas de azúcar y el zumo de un limón.

Tiempo de preparación: 30 minutos.

Calorías: 770.

Puré de manzana: ■ Lavar y pelar las manzanas, quitarles el corazón con el descorazonador y cortarlas en octavos. ■ Ponerlas en un recipiente apto para microondas con la mantequilla, el *brandy*, el azúcar y el zumo de limón. ■ Introducir la fuente en el horno durante 2 minutos al 100%. ■ Sacar la fuente, moverlas enérgicamente para que medio se deshagan y ponerlas durante 1 minuto más. ■ Una vez hecho el puré, mantenerlo al calor.

Chuletas: ■ Colocar en una fuente las chuletas de forma simétrica, tapar la fuente e introducirlas en el horno durante 2 minutos al 75%. ■ Encender el gratinador durante 4-5 minutos para que se caliente bien. ■ Cubrir cada chuleta con una loncha de queso y gratinarlas durante 1 minuto al máximo de potencia. ■ Servirlas con el puré.

Nota: La carne de cerdo es conveniente servirla bien hecha, sin que se reseque, pero que no sangre.

CODORNICES AL 'BRANDY'

Ingredientes (para 4 personas): 8 codornices. 1 copa de *brandy*. 1 vaso de caldo de carne. 8 cucharadas de aceite. 1 chalota. Tomillo, pimienta negra y sal. Puré de patata para acompañar.
Tiempo de preparación: 45 minutos.
Calorías: 440.

■ Limpiar las codornices, sazonarlas, atarlas y dorarlas con el aceite en la bandeja doradora en el plato *crisp*, previamente calentado en el microondas durante 7 minutos al 100%. (Si no se dispone de *grill*, siempre cabe la opción de dorarlas en el fuego). ■ Sacarlas y verter el jugo que hayan soltado y el aceite en una fuente más profunda y freír en ella la chalota picada durante 3 minutos al 100%. ■ Cuando empiece a dorarse, a los 3 minutos aproximadamente, poner encima las codornices, regarlas con el *brandy*, el caldo, una pizca de tomillo, sal y pimienta. ■ Introducirlas de nuevo en el horno durante 4 minutos al 100%, sacarlas, darles la vuelta, mover la salsa y cocer de nuevo 4 minutos más. ■ Pasar la salsa por el pasapuré y servir las codornices cubiertas con su salsa y acompañadas del puré de patata.

Nota: El plato queda redondo si se sirve cada codorniz sobre una rebanada de pan frito. Algunas codornices son más duras que otras, por lo que es conveniente comprobar si están a punto, pinchándolas en la pechuga. Hecha la comprobación, sacar las que estén tiernas y dejar algún tiempo más las que estén duras.

Codornices al Oporto

Ingredientes (para 4 personas): 8 codornices. 8 lonchas finas de tocino saladillo. 1 vaso de vino de Oporto. 1/2 copa de *brandy*. 1 vaso de vino con caldo de ave. 1/2 cebolla. 4 rebanadas de pan de pueblo frito. 8 cucharadas de aceite, sal, pimienta y tomillo.

Tiempo de preparación: 45 minutos.

Calorías: 490.

■ Limpiar las codornices, sazonarlas con sal, pimienta y tomillo, por dentro y por fuera, y envolver cada una de ellas en una loncha de tocino. Después atarlas. ■ Calentar durante 10 minutos la bandeja doradora, engrasarla con una pizca de aceite y dorar las codornices envueltas en tocino por todos los lados, al tiempo que la cebolla pelada y picada muy menuda. ■ Pasar las codornices a una fuente refractaria, regarlas con el *brandy*, el Oporto y el caldo de ave e introducirlas en el microondas 10-12 minutos al 100%. ■ Sacarlas, comprobar si están hechas y, si fuera necesario, volver a introducirlas entre 2 y 6 minutos al 100%. ■ Pasar la salsa por el chino, exprimiendo bien la cebolla y comprobar el punto de sazón. ■ Colocar en cada rebanada de pan frito dos codornices, regarlas con la salsa y servir.

Nota: Además de servirlas sobre pan frito, también se pueden colocar sobre pan tostado, untado previamente con *foie-gras*.

Conejo con chalotas confitadas

Ingredientes (para 4 personas): 1 conejo cortado en trozos. 1 cucharada de aceite de oliva. 8 chalotas. 1 cucharada de mantequilla. 1 cucharada de azúcar. 1 cucharada de vinagre balsámico. Sal y pimienta.

Tiempo de preparación: 30-40 minutos.

Calorías: 410.

■ Salpimentar los trozos de conejo, pintarlos con el aceite y colocarlos en la fuente doradora, calentada previamente durante 5 minutos. ■ Introducir la fuente en el horno 4 minutos con el gratinador encendido, procurando darles la vuelta cada minuto, hasta que se doren. ■ Pelar y cocer las chalotas con la mantequilla, el azúcar y el vinagre balsámico durante 4 minutos al 100%, en cacerola con tapa o con plástico adherente agujereado. ■ Verter las chalotas sobre el conejo dorado, mezclar bien y volver a meterlo en el horno 8 minutos al 100%, esta vez destapado.

Nota: Para que el conejo esté muy tierno, es preciso dorarlo muy bien en la bandeja doradora. Si ésta está muy caliente, se colocan las piezas y se introduce 1 minuto con el *grill* encendido, se les da la vuelta y otro minuto más. Así hasta que estén los trozos dorados por todas partes.

CONEJO ESCABECHADO

Ingredientes (para 4-6 personas): 1 conejo de 1 1/2 kg, cortado en trozos. 1 kilo de cebollas. 3/4 de kilo de zanahorias. 1 vaso de vinagre de vino. 1 vaso de vino blanco. 1 vaso de aceite. 1 vaso de agua. 1/2 hoja de laurel. 5 granos de pimienta y sal.

Tiempo de preparación: 35 minutos.

Calorías: 565.

■ Pelar y cortar las cebollas en rodajas finas, raspar, lavar y cortar en juliana gruesa las zanahorias, colocarlas en una fuente refractaria, regarlas con el vinagre, el vino blanco, el aceite y el agua. ■ Añadir la media hoja de laurel, los granos de pimienta, la sal y el conejo troceado. ■ Introducir la fuente en el microondas y dejarlo sin tapar durante 12 minutos al 100% de potencia. ■ Sacar la fuente, mover el líquido y los

trozos de conejo y volver a meterlo otros 6 minutos. ■ Sacarlo nuevamente, moverlo y dejar que se enfríe, manteniendo el conejo bien cubierto con el escabeche.
Nota: Esta receta es más suculenta si se dispone de conejo de caza o también con liebre, pero se puede hacer con conejo casero. Si se trata de caza y la pieza es vieja, habrá que alargar los tiempos de cocción.

'CONFIT' DE PATO CON SALSA DE CEREZAS

Ingredientes (para 4 personas): 4 muslos de pato confitados. 1/4 kilo de cerezas (si estamos fuera de estación se pueden emplear ciruelas pasas). 1 docena de patatas cocidas. 1 copa de destilado de cerezas del Jerte.
Tiempo de preparación: 45 minutos.
Calorías: 950.
■ Sacar los muslos de pato confitados de la lata y separar toda la grasa raspándolos con un cuchillo. ■ Ponerlos en una fuente refractaria con el interior hacia arriba e introducirla en el microondas durante 5 minutos al 100% de potencia. ■ Sacarlos y conservarlos al calor entre dos platos. ■ Fundir la grasa del pato de la lata en la misma fuente, poner las patatas en la grasa y hacerlas durante 20 minutos al 100% de potencia. ■ Escurrir las patatas de la grasa sobrante, reservarlas al calor y colocar en la misma fuente los muslos con la piel hacia arriba. ■ Calentar el gratinador durante 5 minutos, introducir de nuevo la fuente con los muslos y dejarlos 5 minutos, hasta que la piel resulte crujiente. ■ Reservar los muslos, verter el licor de guindas del Jerte en la fuente muy caliente y raspar para que se desprenda toda la sustancia (si no saliera, calentarla con el licor 1/2 minuto al 5%). ■ Añadir las cerezas deshuesadas y cocerlas 2-3 minutos al 50%. ■ Servir el *confit* con su jugo, las cerezas y las patatas.

Nota: No se puede emplear un licor de cerezas cualquiera. Tiene que ser un destilado, como el aguardiente.

Fiambre de pechugas

Ingredientes (para 8 personas): 2 pechugas completas de pollo sin piel ni huesos. 250 gramos de jamón de York. 250 gramos de ternera picada. 200 gramos de beicon cortado en lonchas muy finas y bastante entreverado. 1 huevo. 1 rebanada de pan mojada en leche. 6 gotas de tabasco. 1 copa de oloroso. Perejil picado, sal, nuez moscada y mantequilla para engrasar.
Tiempo de preparación: 45 minutos.
Calorías: 450.
■ Engrasar con mantequilla un molde de *plum-cake* y cubrir el fondo y las paredes con lonchas de beicon, sin corteza, montadas ligeramente unas sobre otras para que queden acaballadas. ■ Picar el jamón de York, mezclarlo con la ternera picada y añadir el huevo batido y la rebanada de pan mojada en leche y escurrida. ■ Sazonarlo con la sal, el tabasco, el perejil, la nuez moscada y el oloroso; mezclarlo y colocar la mitad en el fondo del molde; poner encima una capa de pechugas y terminar de llenar con la otra mitad de carne picada; aplastar ligeramente para que no queden huecos y tapar con el beicon que sobresale de las paredes. ■ Cubrir con papel transparente, perforarlo para que no se infle durante la cocción y hacerlo durante 12 minutos a potencia máxima. ■ Sacarlo y, en caliente, colocar una tapa del mismo tamaño del interior del molde con un peso encima, para que se prense. ■ Guardarlo en la nevera por lo menos 12 horas y servirlo cortado en lonchas y acompañado de una ensalada.
Nota: Si se quiere servir el fiambre caliente, se puede cortar en rodajas, colocarlo en la fuente o plato, taparlo con papel transparente y calentarlo en el microondas de 1 a 4 minutos,

según la cantidad. En este caso concreto, acompañarlo de puré de patata.

JAMÓN DE YORK AL OPORTO

Ingredientes (para 4 personas): 4 lonchas de 125 gramos de jamón de York. 40 gramos de mantequilla. 1 copa de Oporto. 8 cucharadas de zumo de naranja. 1 cucharadita de Maizena. Sal y pimienta. **Para acompañar:** puré de patata.
Tiempo de preparación: 20 minutos.
Calorías: 550.
■ Poner la mantequilla en un tacita y fundirla en el microondas durante 30 segundos al 100% o 1 minuto a mitad de potencia. ■ Salpimentar las lonchas de jamón York (comprobando antes el punto de sal que tienen, ya que a veces está muy salado), colocarlas extendidas en una fuente refractaria y untarlas con mantequilla. ■ Hacer el zumo de naranja, colarlo y deshacer en él la Maizena, mezclarlo con el Oporto y verterlo sobre las lonchas de jamón. ■ Introducir la fuente en el microondas entre 4 y 5 minutos al 100%, mover y volver a cocer 3 minutos más. ■ Servir con puré de patata.
Nota: Esta misma receta se puede hacer con lonchas de fiambre, de las que se venden en sobres envasados al vacío.

JAMONCITOS DE POLLO

Ingredientes (para 4 personas): 4 jamoncitos de pollo sin hueso. 50 gramos de jamón serrano. 50 gramos de aceitunas verdes sin hueso. 1 huevo duro. 1 rebanada de pan de molde mojada en leche. 4 cucharadas de aceite. 1/2 cebolla. 1 diente de ajo. 1 zanahoria pequeña. 1 vaso de vino de Jerez oloroso. 1 vaso de caldo. Sal, pimienta y nuez moscada.

Tiempo de preparación: 1 hora.
Calorías: 560.
■ Picar el jamón, las aceitunas y el huevo duro; mezclarlos con el pan escurrido y sazonarlos con sal, pimienta y nuez moscada. ■ Salpimentar los muslos y rellenar el interior con la mezcla, dar vuelta a la carne del contramuslo sobre la zona del hueso y sujetarlos con un palillo o atarlos. ■ Dorarlos con la mitad del aceite en la bandeja doradora utilizando el *grill* (si no se dispone de él, se pueden dorar en una sartén) y sacarlos. ■ En la misma bandeja añadir el resto del aceite, el ajo, la zanahoria y la cebolla muy picados y dejarlos 2-3 minutos a potencia máxima. ■ Regar con el jerez oloroso y el caldo e introducir de nuevo durante 5 minutos al 100%; mover, rectificar el punto de sazón, unir los jamoncitos a la salsa y terminar de hacer durante 8 minutos con el *grill*, dándoles la vuelta a mitad de cocción. ■ Si se desea, pasar la salsa por el pasapuré o triturarla. ■ Servir los jamoncitos cubiertos de su salsa y acompañados de arroz blanco, puré de patata o patatas paja.
Nota: Las patas de pollo las deshuesa el pollero, dejando con hueso la zona más próxima a la pata sin pluma, para envolver en ella la carne del contramuslo con el relleno dentro.

Lomo de cerdo a la crema

Ingredientes (para 4 personas): 1 kilo de cinta de lomo fresca. 1/2 litro de leche. 2 cucharadas de leche en polvo. 1 cebolla. 4 cucharadas de aceite. Sal y pimienta. **Puré de manzana** (*ver Preparados auxiliares*).
Tiempo de preparación: 45 minutos.
Calorías: 720.
■ Calentar la bandeja doradora durante 10 minutos al 100% y dorar la carne sazonada y engrasada, dándole vueltas hasta que tome color por todos lados. ■ Hervir la leche con la leche

en polvo durante 5 minutos al 100%. ■ Poner el lomo en un recipiente, regarlo con el aceite, aprovechando bien el jugo de la bandeja doradora con una espátula, añadir la leche hirviendo, la cebolla pelada y picada y un poco de sal y pimienta. ■ Introducirlo en el microondas durante 12-15 segundos al 100%, sacarlo, darle la vuelta, mover la salsa y volver a meterlo entre 5 y 6 minutos más. ■ Sacar el lomo, batir la salsa en la batidora eléctrica para que se vuelva cremosa y servirlo trinchado con su salsa y el puré de manzana.
Nota: Si la salsa estuviera demasiado líquida, consumirla unos minutos a fuego vivo.

PASTEL DE CARNE

Ingredientes (para 4 personas): 400 gramos de carne de cerdo picada. 100 gramos de jamón de York. 100 gramos de tocino. 4 cucharadas de tomate frito. 2 huevos. 1 cebolla. 2 cucharadas de aceite. 4 cucharadas de pan rallado. Sal, pimienta y perejil.
Tiempo de preparación: 30 minutos.
Calorías: 640.
■ Cortar el jamón y el tocino en dados pequeños y picar el perejil. Freír la cebolla pelada y picada en el aceite 4 minutos, a potencia máxima, en una cazuela o fuente de microondas destapada. ■ Mezclar la carne con la cebolla frita, el jamón, el tocino, el perejil, el tomate, el pan rallado y los huevos batidos y sazonar la mezcla con sal y pimienta. ■ Verterlo en un molde de rosca engrasado con aceite e introducir el molde en el horno 8 minutos a potencia máxima. ■ Sacarlo, dejarlo reposar 10 minutos y volcarlo. ■ Servirlo cortado en rodajas con salsa de tomate.
Nota: Se puede tomar recién hecho y que cada cual lo corte en la mesa o cortarlo frío y servirlo con salsa de tomate caliente. También se puede acompañar con mayonesa y ensalada cuando se sirve como fiambre.

PECHUGAS CON JAMÓN Y NATA

Ingredientes (para 4 personas): 4 pechugas de pollo. 50 gramos de jamón cortado en tiras. 4 cucharadas de aceite. 1/2 vaso de vino. 1/2 vaso de vino de nata líquida. Sal, pimienta y estragón picado.

Tiempo de preparación: 20 minutos.

Calorías: 400.

■ Mechar las pechugas con las tiras de jamón, dejando asomar los extremos. ■ Calentar el aceite en el plato dorador durante 1 minuto y dorar las pechugas, dándoles la vuelta. ■ Ponerlas en una fuente apta para microondas, salpimentarlas y verter el vino en el plato dorador para que se despegue toda la sustancia y añadir la nata. ■ Regar las pechugas con la salsa, espolvorearlas con una pizca de estragón picado, tapar la fuente y meterla en el microondas programado a su máxima potencia entre 5 y 7 minutos, según el grosor de las pechugas. ■ Sacarlas, dejarlas reposar unos minutos y servirlas con su salsa y arroz blanco (*ver Preparados auxiliares*).

Nota: Como el jamón serrano puede estar algo salado, hay que ser cauto en el momento de sazonar las pechugas.

PECHUGAS DE POLLO CON SALSA DE VERDURAS

Ingredientes (para 4 personas): 4 medias pechugas de pollo deshuesadas y sin piel. 2 tomates rojos y duros. 2 puerros gordos. 1/2 vaso de caldo de pollo. 4 cucharadas de aceite, sal y pimienta.

Tiempo de preparación: 20 minutos.

Calorías: 350.

■ Colocar las medias pechugas sazonadas con sal y pimienta en una fuente, en la misma posición que los radios de una rueda y con la parte más gruesa hacia el borde exterior del recipiente. ■ Lavar los tomates y cortarlos en rodajas, limpiar los puerros y cortarlos en láminas finas. ■ Intercalar rodajas de tomate entre las pechugas y repartir por encima las láminas del puerro, sazonar el tomate y el puerro. ■ Rociar todo con el caldo de pollo y el aceite, tapar con plástico de cocina la fuente y agujerearlo por varios puntos. ■ Introducir la fuente en el microondas y hacerlo 9 minutos al máximo de potencia. ■ Sacar las pechugas y triturar las verduras con el jugo de cocción; rectificar el punto de sazón de la salsa. ■ Filetear las pechugas, colocarlas en una fuente y regarlas con la salsa. ■ Servirlas acompañadas de arroz blanco o patatas paja fritas.

Nota: Si la salsa no estuviera suficientemente trabada, dado que el tomate suelta mucho jugo, consumirla al fuego o volver a introducirla en el microondas durante 5 minutos.

PECHUGAS EN ESCABECHE

Ingredientes (para 4 personas): 4 medias pechugas. 1 zanahoria. 1 pimiento verde fino. 1 tomate duro. 1 cebolleta. 1 vaso de aceite de oliva virgen. 1/3 de vaso de vinagre de jerez. 1/2 cucharada de azúcar, sal y pimienta.

Tiempo de preparación: 20 minutos.

Calorías: 475.

■ Lavar la zanahoria y pelarla, lavar el pimiento verde y el tomate. Picar en dados muy pequeños la zanahoria, el pimiento verde, el tomate y la cebolleta. ■ Mezclar el aceite, el vinagre y el azúcar en un recipiente de microondas, salpimentar y añadir las hortalizas picadas y las pechugas sazonadas con sal y pimienta. ■ Cocer durante 1 minuto a potencia máxima, dar la vuelta a las pechugas y continuar la cocción 1 minuto más. ■ Dejar reposar 5 minutos.

Nota: Este escabeche de pechugas es muy apropiado para tenerlo preparado en la nevera y servirlo en cualquier momento. Se conserva varios meses y, si queda salsa, se puede utilizar para preparar escabeche de otro producto más fuerte; por ejemplo, rodajas de salmón.

POLLO AL WHISKY CHUS

Ingredientes (para 4 personas): 4 filetes de pechuga de pollo. 200 gramos de champiñones fileteados. 4 cucharadas de whisky. 4 cucharadas de aceite. 1/2 cebolla. 1 cucharadita de Maizena. 4 cucharadas de nata líquida, sal y pimienta.
Tiempo de preparación: 45 minutos.
Calorías: 272.
■ Salpimentar y dorar los filetes de pollo con el aceite en la bandeja doradora (o en una sartén si no se dispone de ella), sacarlos y reservarlos. ■ En la grasa sobrante, freír la cebolla muy picada 4 minutos al 100%, añadir los champiñones y devolver al microondas 2 minutos, sin tapar. ■ Sazonar, espolvorear con la Maizena, regar con el whisky y la nata, mover para que se disuelva la Maizena y cocer 2 minutos más. ■ Incorporar los filetes reservados y cocer en el microondas otros 2 minutos a potencia máxima.
Nota: También se puede hacer con las medias pechugas enteras. Pero, en ese caso, dado su mayor grosor, tardarán más tiempo en cocinarse. Por lo tanto, hay que poner un 50% más de whisky o añadir unas cucharadas de caldo.

POLLO CON VERDURAS

Ingredientes (para 4 personas): 1 pollo cortado en trozos. 4 cucharadas de aceite. 1 puerro. 1 cebolla. 1 zanahoria. 1/4 kilo

de champiñones. 1 vaso de caldo de pollo. 2 cucharadas de Maizena. 1 vaso de vino con nata líquida. 3 yemas de huevo. Perejil, sal y pimienta.
Tiempo de preparación: 40 minutos.
Calorías: 650.
■ Limpiar el puerro y raspar la zanahoria, cortar ambos en rodajas; pelar la cebolla y cortarla en aros; limpiar los champiñones y filetearlos. ■ Sazonar los trozos de pollo con sal y pimienta. ■ Poner en una fuente refractaria las hortalizas, sazonarlas y regarlas con el aceite. ■ Colocar encima los trozos de pollo, verter el caldo, tapar con plástico de cocina perforado y cocerlo durante 20 minutos al 100%. ■ Disolver la Maizena en la nata, añadir las yemas y 4 cucharadas del caldo de cocción del pollo, mezclar bien, verter sobre el pollo y continuar la cocción durante 2 minutos. ■ Comprobar el punto de sazón y la ternura del pollo y servirlo todo junto, espolvoreado con perejil picado.
Nota: Se puede acompañar con arroz blanco o patatas fritas en cuadraditos. Si se añade una ensalada verde se tiene una comida completa y con todos los nutrientes necesarios.

ROLLO DE CARNE

Ingredientes (para 4 personas): 1/2 kilo de carne picada (mitad cerdo, mitad ternera). 1 rebanada de pan sin cortezas, leche para remojarla. 2 huevos. 1 cebolla. 1 manzana. 100 gramos de pasas. 1 cucharada de *curry*. Sal y pimienta. **Para acompañar:** *Chutney* de mango, manzana salteada y pasas.
Tiempo de preparación: 30 minutos.
Calorías: 560.
■ Mezclar en un cuenco las dos carnes picadas con el pan remojado en leche, los huevos batidos, la cebolla y la manzana ralladas, las pasas y el curry. ■ Sazonar con sal y pimienta, formar un

rollo que quede muy compacto y colocarlo en un molde de *plum-cake* engrasado. ■ Introducirlo en el microondas al 100% de potencia durante 10 minutos, darle la vuelta y continuar la cocción 10 minutos más. ■ Dejarlo reposar unos minutos y, si se quiere servir caliente, cortarlo en rodajas y acompañarlo del *chutney* y de purés de manzana y de patata calientes. ■ En frío, dado que se corta mucho mejor, acompañarlo sólo del *chutney*.
Nota: El *chutney* se puede preparar en casa (*ver Preparados auxiliares*).

SALCHICHAS CON PIÑA

Ingredientes (para 4 personas): 400 gramos de salchichas tipo Francfort. 1/2 taza de zumo de piña. 1 cucharada de mostaza. 2 cucharadas de *ketchup*. 1 cucharada de aceite de oliva.
Tiempo de preparación: 15 minutos.
Calorías: 320.
■ Hacer un corte longitudinal y tres transversales a cada salchicha. ■ Mezclar el zumo de piña, la mostaza, el *ketchup* y el aceite. ■ Incorporar las salchichas y dejarlas en el adobo 5 minutos. ■ Escurrirlas, ponerlas en una fuente y hacerlas en el microondas al 100% durante 1 minuto. ■ Añadir la mezcla de piña, mostaza y tomate y continuar la cocción 3-4 minutos al 100%. ■ Servir las salchichas con su salsa y puré de patata.
Nota: Es una combinación extraña y poco conocida, pero sumamente agradable. Se puede servir como plato único para la cena.

SALCHICHAS GRATINADAS

Ingredientes (para 4 personas): 8 salchichas gordas. Mostaza. *Ketchup*. 8 lonchas de queso de nata. **Para acompañar:** ensalada.
Tiempo de preparación: 30 minutos.

Calorías: 525.
■ Hacer un corte en las salchichas a lo largo, de un extremo a otro, sin que lleguen a separarse del todo; como si fueran bocadillos. ■ Poner en cada corte una cucharadita de mostaza bien extendida y otra de *ketchup*, colocarlas en el recipiente para salchichas de microondas y cubrirlas con lonchas de queso. ■ Hacerlas 10-12 minutos al máximo de potencia y servirlas recién hechas, acompañadas de una ensalada verde.
Nota: También pueden servirse como perritos calientes dentro del pan especial que se usa para ello.

SALCHICHAS GUISADAS

Ingredientes (para 4 personas): 400 gramos de salchichas de dos tipos. 1 cebolla. 4 cucharadas de aceite. 8 cucharadas de nata líquida. 4 cucharadas de salsa de tomate. Sal, pimienta y perejil. **Para acompañar:** puré de patata.
Tiempo de preparación: 30 minutos.
Calorías: 400.
■ Pelar y picar la cebolla muy fina, ponerla en un recipiente de plástico o cristal con aceite, taparla con *film* o la propia tapa del recipiente y estofarla 5 minutos al 100%. ■ Añadir las salchichas cortadas en trozos, sazonar, mezclar bien y volver a introducir en el horno, sin tapar el recipiente, 1/2 minuto al 100%. ■ Mezclar el tomate y la nata y verterlos sobre las salchichas, cocer sin tapar 2 minutos al 100%, pero teniendo la precaución de poner la tapa agujereada de microondas, para que no salpique. ■ Servirlas espolvoreadas de perejil y acompañadas de puré de patata o patatas fritas.
Nota: Se pueden emplear salchichas tipo Francfort, de lata o envasadas al vacío, o salchichas frescas, en cuyo caso es conveniente, en lugar de 1/2 minuto, hacerlas durante 4, añadiendo 4 cucharadas de agua, para que no se queme la cebolla.

TERNERA A LA JARDINERA

Ingredientes (para 4 personas): 1/2 kilo de ternera en filetes. 1/2 kilo de patatas. 1/2 kilo de tomates. 2 cebollas medianas. 1/4 kilo de champiñón. 8 cucharadas de vino blanco. 4 cucharadas de aceite. Harina, sal, pimienta y tomillo.
Tiempo de preparación: 45 minutos.
Calorías: 530.
■ Sazonar los filetes con sal y pimienta, espolvorearlos con harina y reservarlos. ■ Cortar la cebolla en aros, las patatas en rodajas como para tortilla, los champiñones en lonchas y los tomates en trozos; todo muy limpio y pelado. ■ Poner la mitad del aceite en una fuente refractaria, colocar encima las patatas, después la cebolla y los champiñones y, por último, el tomate, todo sazonado. ■ Regar con el resto del aceite y el vino, cocer 8-9 minutos al 100%. ■ Sacar la fuente del horno y colocar los filetes entre las capas de patatas, cebolla, champiñones y tomate. ■ Regar todo bien con el jugo de las verduras y espolvorear con tomillo. ■ Volver a introducir la fuente en el microondas 4-5 minutos o hasta que la carne cambie de color. ■ Servir los filetes acaballados en el centro de la fuente y las patatas, champiñones y lo que quede del tomate alrededor, de guarnición.
Nota: Para comprobar que la carne ha cambiado de color, hay que desenterrarla de entre las patatas y hortalizas. Si se vuelve a introducir la fuente en el microondas, porque les falte un poco, taparlas de nuevo.

TERNERA AL CORDEL

Ingredientes (para 4 personas): 1 morcillo de ternera. 1 cebolla. 1 zanahoria. 1 puerro. 8 cucharadas de aceite de oliva virgen. 4 cucharadas de pimentón. Sal, sal gorda, pimienta en grano. **Guarnición:** hojas de lechuga.

Tiempo de preparación: 30 minutos.
Calorías: 435.

■ Pelar la cebolla, raspar la zanahoria y limpiar el puerro. ■ Atar el morcillo de ternera para que disponga de una buena forma. ■ Cubrir de agua hirviendo la carne y las hortalizas en un recipiente de plástico o cristal alargado, añadir sal y unos granos de pimienta y cocerlo 20 minutos al 100%. ■ Cuando la carne esté tierna, sacarla y cocer en el caldo las hojas de lechuga enteras durante 3 minutos al 100%. ■ Filetear la carne y servirla caliente sobre las hojas de lechuga cocidas y espolvoreada con pimentón, granos de sal gorda y un buen chorro de aceite de oliva.

Nota: Este receta no tiene más truco que la ternera sea de excelente calidad, jugosa y joven.

ARROZ CON BACALAO Y COLIFLOR

Ingredientes (para 4 personas): 4 tacitas moka de arroz. 200 gramos de bacalao desalado y sin espinas. 1 coliflor pequeña. 1 cebolla. 2 dientes de ajo. Un manojo de perejil. 8 cucharadas de aceite de oliva. Sal.
Tiempo de preparación: 40 minutos.
Calorías: 450.
■ Pelar y picar muy finos la cebolla y el ajo, lavar el perejil, secarlo y picarlo. ■ Separar 4 ramos de coliflor y lavarlos, desmenuzar el bacalao. ■ Poner en un recipiente de cristal el aceite, la cebolla y el ajo, introducirlos en el microondas durante 2 minutos al 100%. ■ Sacar la fuente y agregar la coliflor y el bacalao, 8 tacitas moka de agua con sal y la mitad del perejil picado. ■ Introducir la fuente de nuevo y cocer 5 minutos. ■ Sacar la fuente, añadir el arroz, mezclarlo con una cuchara de palo y dejar cocer otros 10 minutos. ■ Reposar 5 minutos y espolvorear el arroz con el resto del perejil. ■ Servirlo inmediatamente.
Nota: Este arroz resulta muy fácil de hacer y muy sabroso. Necesita bastante perejil, para que resalte el color verdoso.

ARROZ CON CALDO DE COCIDO, JAMÓN Y CHORIZO

Ingredientes (para 4 personas): 4 tacitas moka de arroz. 9 tacitas de caldo de cocido. 1 chorizo del cocido. 1 trozo de jamón del cocido. 1 morcilla. 1 trozo de tocino saladillo. 1 puñado de garban-

zos. 1 diente de ajo. 1 cebolla pequeña. 1 pimiento verde. 2 cucharadas de tomate frito. 6 cucharadas de aceite. Sal y pimienta.
Tiempo de preparación: 25 minutos.
Calorías: 670.
■ Limpiar y picar el diente de ajo, la cebolla y el pimiento verde. ■ Ponerlos en un recipiente junto con el aceite y programarlos 5 minutos al 100% de potencia. ■ Añadir el tomate frito y el arroz, mover todo y volverlo a meter 1 minuto. ■ Cubrirlo con el caldo hirviendo, añadir los garbanzos, el chorizo, la morcilla, el jamón y el tocino; todo cortado en trozos o rodajas. ■ Dejar en el microondas durante 10 minutos, sacarlo, comprobar el punto y rectificarlo; moverlo para que se repartan bien los tropezones y cocerlo 5 minutos más al 100%. ■ Dejarlo reposar 5 minutos antes de servirlo.
Nota: Es un arroz clásico de pueblo. Se hace con las sobras del cocido y se suele adornar con media cabeza de ajos cortada por la mitad en el centro del cacharro de barro.

ARROZ CON GAMBAS

Ingredientes (para 4 personas): 4 tacitas moka de arroz. 300 gramos de gambas. 1 vaso de agua de salsa de tomate. 150 gramos de guisantes congelados. 8 tacitas de caldo de cocer las gambas. 8 cucharaditas de aceite. 1 cebolla. 2 dientes de ajo. 1 cucharadita de *curry*. Sal.
Tiempo de preparación: 50 minutos.
Calorías: 570.
■ Pelar las gambas y reservar los cuerpos, cocer las cabezas en 1/2 litro de agua 2-3 minutos al 100%, colar el caldo presionando bien las cabezas, sazonarlo y reservarlo. ■ Freír la cebolla y los ajos muy picados con aceite en una cazuela de barro 2-3 minutos al 100%. ■ Añadir el tomate, los guisantes y el *curry* sobre la cebolla y los ajos, mezclarlo y rehogar 1 minuto.

■ Añadir el arroz, el caldo caliente, sazonar con sal y meter en el microondas 10-11 minutos al 100%. ■ Sacarlo, moverlo e incorporar los cuerpos de las gambas; cocer 8-9 minutos. ■ Dejarlo reposar 2 minutos y servirlo.

Nota: Para dar más sabor al arroz, las cabezas de las gambas se pueden cocer en caldo de pescado; bien de cubitos, bien del que se debe guardar congelado cuando no se han utilizado las espinas y cabezas de otros pescados.

ARROZ CON GAMBAS Y CHIRLAS

Ingredientes (para 4 personas): 4 tacitas moka de arroz. 9 tacitas moka del caldo de cocer las cabezas de las gambas y las chirlas. 1/4 kilo de gambas. 1/4 kilo de chirlas. 150 gramos de guisantes. 2 dientes de ajo. 1/2 cebolla. 1 pimiento verde fino. 6 cucharadas de aceite. Perejil abundante, sal y pimienta.

Tiempo de preparación: 30 minutos.

Calorías: 520.

■ Pelar las gambas, lavar las cabezas y cocerlas durante 10 minutos; lavar las chirlas y abrirlas durante 3 minutos en el microondas con un vaso de agua. ■ Colar los caldos, juntarlos, sazonarlos y reservarlos. ■ Picar bien limpios los dientes de ajo, la cebolla y el pimiento verde y ponerlos con el aceite en un recipiente. ■ Programarlo 5 minutos al 100%, añadir el perejil picado y rehogar encima el arroz durante 1 minuto. ■ Incorporar las gambas peladas, las chirlas con concha y los guisantes, mover y cubrir con el caldo caliente, completándolo con agua si fuera necesario. ■ Introducir en el microondas 10 minutos al 100%, sacarlo, comprobar el punto, rectificar, mover y volver a introducir 5-6 minutos más. ■ Dejarlo reposar 5 minutos y servir.

Nota: Los arroces y las pastas necesitan el mismo tiempo en el microondas que con la forma tradicional. Se incluyen los tiempos sólo como aclaración; por si en alguna ocasión no se dispone más que de microondas.

Arroz con pollo en salsa de soja

Ingredientes (para 4 personas): 4 tacitas moka de arroz. 2 pechugas de pollo cortadas en tiritas. 2 puerros gordos. 2 pimientos verdes. 1 diente de ajo. 6 cucharadas de aceite. 3 cucharadas de salsa de soja. 9 tacitas moka de agua. Pimienta negra molida y sal, con precaución por la soja.
Tiempo de preparación: 25 minutos.
Calorías: 500.
■ Limpiar los puerros y cortarlos en rodajas finas, lavar los pimientos verdes y cortarlos en tiritas, suprimiendo las pepitas. ■ Pelar y picar el diente de ajo y poner el puerro, ajo y pimiento con aceite dentro de un recipiente amplio durante 4 minutos a potencia máxima. ■ Sacarlo y añadir el pollo y la salsa de soja y programarlo 2 minutos al 100%. ■ Incorporar el arroz, moverlo para que impregne y rehogarlo 1 minuto al 100%. ■ Calentar el agua con un poco de sal y pimienta 5 minutos y verterla sobre el arroz. ■ Cocer durante 10 minutos, sacarlo, comprobar y rectificar el punto, moverlo una vez y dejarlo reposar 5-6 minutos antes de servir.
Nota: No todos los arroces necesitan la misma cantidad de agua; por eso es mejor empezar con el doble más una tacita y, en caso necesario, añadir más agua, siempre hirviendo.

Arroz oriental

Ingredientes (para 4 personas): 200 gramos de arroz de grano largo. 1/4 kilo de lomo de Sajonia o pechugas de pollo ahumadas. 3 pimientos verdes pequeños. 4 cebolletas. 100 gramos de brotes de soja. 6 cucharadas de salsa de soja. 4 cucharadas de aceite. Sal.

Tiempo de preparación: 45 minutos.

Calorías: 375.

■ Calentar abundante agua con sal en un cuenco grande hasta que alcance el punto de ebullición. ■ Añadir el arroz y cocer 10-15 minutos al 100%; escurrirlo, refrescarlo y reservarlo. ■ Calentar el aceite 1 minuto en un recipiente amplio. ■ Añadir las cebolletas cortadas en juliana y los pimientos cortados en tiras finas y estofarlos tapados 4-5 minutos. ■ Agregar los brotes de soja escurridos del líquido de la lata, el lomo cortado en dados pequeños, el arroz y la salsa de soja; mover bien para mezclarlo. ■ Introducir el recipiente en el horno y hacerlo 3-4 minutos al 75% de potencia. ■ Dejarlo reposar fuera del microondas 3-4 minutos, comprobar y rectificar el punto de sazón y servir.

Nota: Esta receta sirve también para cambiar de aspecto un arroz blanco que haya sobrado de otra comida.

ARROZ CON QUESO, BEICON Y HUEVOS

Ingredientes (para 4 personas): 2 bolsas de arroz especial para microondas. 4 huevos. 150 gramos de queso rallado. 150 gramos de beicon en un trozo.

Tiempo de preparación: 30 minutos.

Calorías: 560.

■ Cocer el arroz tal como indican las instrucciones del fabricante. ■ Cortar el beicon en dados y saltearlo 2 minutos al 100%. ■ Mezclar el arroz con el beicon y el queso rallado, llenar un molde engrasado con aceite y cocerlo 2 minutos. ■ Poner los huevos en las hueveras del microondas, pinchar las yemas y cocerlos 30 segundos al 85% de potencia. ■ Volcar la rosca de arroz y servirla con los huevos.

Nota: Si en lugar de emplear arroz de bolsa precocinado para microondas, se quiere hacer en casa, ver **Arroz blanco** en *Preparados auxiliares.*

Cintas al queso

Ingredientes (para 4 personas): 300 gramos de cintas al huevo. 150 gramos de jamón de York. 150 gramos de queso de nata. 4 cebolletas. 2 huevos. 1 taza de leche. 4 cucharadas de nata líquida. 6 cucharadas de aceite. Sal, pimienta, perejil y unas hojas de albahaca.
Tiempo de preparación: 20 minutos.
Calorías: 700.
■ Poner un recipiente amplio lleno de agua, añadir un chorreón de aceite y sal y hervirlo 4 minutos al 100%. ■ Introducir las cintas y cocerlas 10 minutos. ■ Escurrirlas y rociarlas con aceite para que no se peguen; reservarlas al calor. ■ Limpiar las cebolletas, cortarlas en aros finos y estofarlas con el aceite restante en el mismo recipiente donde se ha cocido la pasta, durante 3 minutos. ■ Saltear el jamón en dados durante 1 minuto e incorporar el queso de nata, la leche y la nata líquida; sazonar con albahaca y perejil picados, sal y pimienta. ■ Introducir el recipiente en el horno durante 5 minutos, sacándolo hacia la mitad del tiempo para moverlo, para que se deshaga el queso y comprobar el punto de sazón. ■ Batir los huevos y unirlos a la salsa. ■ Mezclar la salsa con la pasta, moverla y meterla 2 minutos al 75% de potencia, moviéndola a mitad del tiempo; sacarla y servirla.
Nota: No se deben sacar las cintas muy jugosas, sino dejar que los huevos se terminen de hacer mientras las microondas siguen actuando.

Espaguetis a la 'bolognesa'

Ingredientes (para 4 personas): 300 gramos de espaguetis. 1 litro de agua. 1 cucharada de aceite. 1 cucharada de mantequilla. Sal. **Salsa *bolognesa*:** 200 gramos de ternera picada. 1/2 cebolla picada. 1/2 pimiento verde. 2 tazas de salsa de tomate. 1 diente de ajo. 4 cucharadas de aceite, sal y pimienta.
Tiempo de preparación: 50 minutos.
Calorías: 590.
■ Calentar en un recipiente de plástico el agua con la sal y el aceite durante 7 minutos a potencia máxima. ■ Sacar la fuente del microondas, añadir los espaguetis y cocerlos 10 minutos. ■ Escurrirlos, mezclarlos con la mantequilla y servirlos con la salsa. **Salsa:** Picar muy finos la cebolla y el pimiento y hacerlos en el mismo recipiente con aceite durante 4 minutos. ■ Añadir al refrito anterior el ajo muy picado y la carne y volver a introducir en el horno 4 minutos. ■ Sacar la fuente, incorporar la salsa de tomate, salpimentar y cocer 8 minutos.
Nota: Aunque no se disponga de un recipiente especial para hacer la pasta, se puede utilizar una ensaladera de cristal refractario o vidrio grueso y, mientras se escurren los espaguetis, hacer la salsa en el mismo recipiente, mezclar luego los espaguetis y servirlos.

Espaguetis con champiñón, jamón y queso

Ingredientes (para 4 personas): 250 gramos de espaguetis. 1 lata de 200 gramos de champiñones fileteados. 150 gramos de jamón serrano. 100 gramos de queso manchego curado rallado. 1 vaso de caldo de pollo. 2 cucharadas de salsa de tomate. 8 cucharadas de aceite. 1 cebolla. 1 diente de ajo. Sal y pimienta.
Tiempo de preparación: 35 minutos.
Calorías: 565.

■ Poner agua a hervir en un recipiente amplio (o en el especial para cocer pasta), con un chorreón de aceite y sal, 10 minutos al 100%. ■ Escurrirlos y rociarlos con aceite para que no se peguen y mantenerlos al calor. ■ Poner el ajo y la cebolla picados con el aceite y freírlos 3 minutos. ■ Añadir el caldo, la mitad del queso rallado, el jamón en dados, la sal y los champiñones. ■ Sacarlo, comprobar el punto, rectificar y servirlo mezclado con la salsa caliente.
Nota: Dado que es una receta muy italiana, admite una pizca de orégano, si se desea, y algo más de tomate.

FALSAS PIZZAS

Ingredientes (para 4 personas): 4 rebanadas de pan payés. 400 gramos de tomates de lata escurridos. 2 cucharadas de aceite. 1 cebolla pequeña. 1 diente de ajo. 100 gramos de queso *mozzarella* rallado. 50 gramos de aceitunas. 1 lata de anchoas. Orégano, sal y pimienta.
Tiempo de preparación: 20 minutos.
Calorías: 300.
■ Pelar y picar la cebolla y el ajo. ■ Poner en un cuenco grande el aceite, los tomates, la cebolla y el ajo; sazonar con sal, pimienta y orégano, y cocer durante 5 minutos destapando al 100% de potencia. ■ Cubrir abundantemente cada rebanada de pan con la preparación y salpicar con el queso rallado. ■ Repartir encima de cada falsa pizza las aceitunas y las anchoas y meter en el horno 1 minuto, justo el tiempo para que se calienten.
Nota: El resultado de estas falsas pizzas es sorprendente y lo mismo se pueden servir como aperitivo, si se hacen de un tamaño discreto, con rebanadas de pan de barra, de entrada para el mediodía o como plato único para la noche.

FIDEOS GUISADOS A LA MARINERA

Ingredientes (para 4 personas): 225 gramos de fideos cortados para *fideuá*. 200 gramos de anillas de calamar limpias. 200 gramos de gambas peladas. 200 gramos de cachete de rape. 4 cucharadas de salsa de tomate. 4 cucharadas de vino blanco. 2 dientes de ajo. 1 cebolla. 1 zanahoria. 1 puerro. 6 cucharadas de aceite. 3/4 de litro de caldo de pescado. Sal, pimienta y perejil.
Tiempo de preparación: 25 minutos.
Calorías: 585.
■ Pelar y picar los dientes de ajo, la zanahoria, la cebolla y el puerro. ■ Freírlos en aceite al 100% de potencia durante 5 minutos en un recipiente amplio. ■ Lavar y escurrir bien el pescado, secarlo, sazonarlo con sal y pimienta y saltearlo encima del refrito 4-5 minutos. ■ Añadir el tomate y el caldo, hervirlo 5 minutos al 100% e incorporar los fideos en forma de lluvia. ■ Moverlos y cocerlos durante 10 minutos. Hacia la mitad del tiempo, abrir, comprobar el punto de sazón, rectificar y mover. ■ Si fuera preciso, añadir algo más de caldo; deben quedar muy jugosos. ■ Pasados 10 minutos, sacar la fuente, dejar reposar unos minutos y servir espolvoreado de perejil picado.
Nota: La misma receta se puede hacer con carne de cerdo cortada en dados; pero habrá que poner caldo de carne y cocer durante 10 minutos en lugar de 5, ya que la carne es más dura que el pescado.

HUEVOS AL PLATO A LA ITALIANA

Ingredientes (para 4 personas): 8 huevos. 1 tazón de salsa de tomate a la italiana (*ver Preparados auxiliares*). 8 aceitunas negras. 8 anchoas. 4 cucharadas de queso rallado.
Tiempo de cocción: 10 minutos, con la salsa hecha.
Calorías: 300.

■ Repartir la salsa de tomate a la italiana en cuatro cazuelitas para huevos al plato. ■ Poner en cada cazuelita 2 anchoas picadas y 2 aceitunas negras picadas también. ■ Hacer dos huecos en el tomate y romper dos huevos en cada cazuelita. ■ Perforar las yemas y espolvorear por encima de cada huevo media cucharada de queso rallado. ■ Tapar las cazuelitas con *film* y colocarlas de forma simétrica en el plato giratorio del microondas. ■ Programarlo durante 1 minuto al 75% de potencia. ■ Comprobar que la clara está casi cuajada y dejarlos reposar, sin perderlos de vista, hasta que la clara esté opaca del todo. ■ Servirlos inmediatamente.

Nota: Al meter cuatro cazuelitas es importante la temperatura inicial de la salsa de tomate. Si estuviera caliente y los huevos son de tamaño mediano, 1 minuto al 75% es suficiente; pero si el tomate estuviera frío, tendría que programarse al 100% de potencia.

HUEVOS CON CHAMPIÑONES Y SALSA MORNAY

Ingredientes (para 4 personas): 4 huevos. 1 lata pequeña de champiñones fileteados. 50 gramos de jamón de York en una loncha gruesa. 1/4 litro de salsa mornay (*ver Preparados auxiliares*). Aceite y pan rallado para las cazuelitas.

Tiempo de preparación: 15 minutos con la salsa hecha.

Calorías: 350.

■ Engrasar y espolvorear con pan rallado 4 cazuelitas de huevos al plato. ■ Colocar en el fondo el champiñón y el jamón cortado en taquitos, sazonarlo con sal y pimienta y cubrirlo con unas cucharadas de salsa mornay. ■ Hacer un hueco en el centro y cascar en cada cazuelita un huevo entero, pinchar la yema, cubrirlo con el resto de la salsa mornay e introducir las cazuelitas en el microondas durante 3 minutos al 100%. Servirlas inmediatamente.

Nota: La salsa mornay debe estar fría para que no se cuajen las yemas.

HUEVOS CON GAMBAS

Ingredientes (para 4 personas): 1/4 kilo de gambas peladas. 1 cucharada de aceite. 4 huevos. 4 cucharadas de leche. Sal y pimienta. Triángulos de pan frito para acompañar.
Tiempo de preparación: 15 minutos.
Calorías: 200.
■ Lavar y escurrir bien los cuerpos de las gambas, sazonarlos y ponerlos en un recipiente plano con el aceite. ■ Introducir el recipiente en el horno, saltearlos durante 2 minutos al 100% de potencia. ■ Batir los huevos en un cuenco, añadir la leche y sazonarlos con sal y pimienta. ■ Mezclar las gambas con los huevos y verter la preparación en el recipiente donde se hicieron las gambas. ■ Meterlo en el microondas 2 minutos al 75% de potencia, sacar la fuente, mover los huevos y repetir el proceso 2 minutos más. ■ Retirarla, mover de nuevo y repartirlos en platos. ■ Acompañarlos con triángulos de pan frito.
Nota: El secreto de los revueltos en el microondas es sacarlos y moverlos varias veces. En lugar de leche, se puede poner una cucharada de nata líquida por huevo.

HUEVOS EN SALSA DE CEBOLLA

Ingredientes (para 4 personas): 8 huevos. 1/2 litro de salsa besamel (*ver Preparados auxiliares*). 2 cebollas. 4 cucharadas de aceite. 2 cucharadas de queso rallado. Nuez moscada y sal.
Tiempo de preparación: 20 minutos, con la besamel hecha.
Calorías: 365.

■ Pelar y cortar las cebollas en aros finos. ■ Ponerlas con el aceite en un recipiente, tapar e introducirlas en el horno 10 minutos al 100%. ■ Calentar durante 2 minutos la besamel y moverla enérgicamente, mezclarla con la cebolla, añadir el queso y la nuez moscada y comprobar el punto. ■ Engrasar una fuente refractaria con aceite y poner una capa de salsa de cebolla. ■ Formar ocho huecos, cascar en ellos los huevos y pinchar las yemas. ■ Cubrirlos con el resto de la salsa y tapar la fuente con *film*. ■ Meterla en el horno programado al 75% de potencia, durante 1 minuto y 1/2. ■ Dejar reposar 1 minuto y servir.

Nota: Con la salsa caliente los huevos se hacen antes. Dado que las microondas siguen actuando después de apagado el horno, para que las claras estén hechas del todo, es conveniente reposar 1 minuto o 1 y 1/2, pero no más.

HUEVOS ESCALFADOS EN CREMA DE ESPINACAS

Ingredientes (para 4 personas): 400 gramos de espinacas congeladas picadas. 8 cucharadas de nata líquida. 100 gramos de jamón serrano. Sal, pimienta y nuez moscada. 4 huevos. 2 cucharadas de queso rallado.

Tiempo de preparación: 20 minutos.

Calorías: 225.

■ Poner las espinacas congeladas en el recipiente especial con rejilla e introducirlo en el microondas en posición «descongelar» o durante 8 minutos al 50% de potencia. ■ En cuanto sea posible, dividir el bloque de espinacas en dos o tres trozos para que se descongele con mayor rapidez. ■ En cuanto estén descongeladas y cocidas, escurrirlas apretándolas en el colador. ■ Picar el jamón en dados muy pequeños, mezclarlo con las espinacas y añadir la nata líquida y la mitad del queso rallado; sazonar con sal, pimienta y nuez moscada. Poner las espinacas en un recipiente plano y hacer huecos para los huevos. ■ Separar las claras de las yemas y poner una clara en cada hueco; espolvorear el resto del queso y meter en el horno durante 3 minutos. ■ Sacar, hacer un huequito en cada clara para colocar la yema, pincharla y tapar el recipiente con *film*. Introducir de nuevo en el microondas al 100% durante 30 segundos. ■ Sacar y servir inmediatamente, ya que se pueden endurecer las yemas.

Nota: De esta manera se tiene la seguridad de que se cuajan las claras y las yemas quedan blandas. Pero es indispensable servirlo enseguida.

HUEVOS ESCALFADOS EN SALSA DE JAMÓN

Ingredientes (para 4 personas): 8 huevos. 8 rebanadas de pan frito o tostado. 2 cucharadas de vinagre. **Salsa:** 150 gramos de jamón serrano. 4 cucharadas de aceite. 1 diente de ajo. 1 cebolla mediana. 1 cucharada rasa de harina. 1 copa de vino blanco semidulce. 1 cucharón de caldo. 60 gramos de queso *gruyère* rallado. Sal y pimienta.

Tiempo de preparación: 30 minutos.

Calorías: 440.

Salsa: ■ Picar la cebolla y el ajo muy finos y ponerlos con aceite en un recipiente, meterlos destapados en el horno y hacerlos durante 5 minutos al 100% de potencia. ■ Sacarlos, moverlos, añadir la harina, moverla y volver a meter en el microondas durante 2 minutos, para que se rehogue la harina. ■ Picar el jamón muy fino e incorporarlo a la harina rehogada, regar con el vino y el caldo, añadir el queso rallado, mover y hacer otros 5 minutos para que se haga la salsa. ■ Reservarla.

Huevos escalfados: (*ver Preparados auxiliares*): ■ Poner un bol, en el que quepa una espumadera, lleno de agua y en el

microondas y calentarlo al 100% de potencia durante 3-4 minutos, según el tamaño. ■ En cuanto esté a punto de ebullición, añadir el vinagre y tenerlo 1 minuto más. ■ Sacar el bol, cascar un huevo dentro, pinchar la yema y recoger la clara con la espumadera para que quede redondito. ■ Introducirlo de nuevo durante 30 segundos al 100%, sacar el bol y dejarlo reposar sin perderlo de vista hasta comprobar que la clara está opaca. ■ Retirar el huevo con la espumadera y ponerlo a escurrir sobre un paño, con cuidado de que no se rompa. ■ Repetir la operación con todos los huevos. ■ Colocar un huevo sobre cada tostada o picatoste y cubrirlo con la salsa de jamón. ■ Servir inmediatamente.
Nota: Esta receta se puede hacer con gambas peladas, añadiéndolas a la salsa en el último momento, para que den un hervor. Se necesitan 200 gramos de gambas.

HUEVOS 'POCHÉS' A LA CREMA

Ingredientes (para 4 personas): 8 huevos *pochés* (*ver Preparados auxiliares*). 1 tazón de salsa aurora (*ver Preparados auxiliares*). 4 cucharadas de nata líquida. 1/2 cebolla. 1 copa de vino fino de Jerez. 100 gramos de jamón serrano. 8 rebanadas de pan de molde tostado.
Tiempo de preparación: 20 minutos.
Calorías: 350.
■ Picar la cebolla muy fina y cocerla con el vino en un recipiente grande con tapa, durante 3 minutos al 100% de potencia. ■ Sacarla y añadir la salsa aurora y la nata líquida, batir e introducirla de nuevo 2-3 minutos, moviéndola hacia la mitad del tiempo programado; reservarla al calor, moviéndola de cuando en cuando para que no se forme costra. ■ Picar el jamón muy fino y mezclar la mitad con la salsa. ■ Pochar los huevos en el recipiente especial cuecehuevos o en tacitas de

moka durante 20 segundos, dejar reposar 40 segundos y repetir 20 segundos al 50%. ■ En cuanto la clara esté cuajada, situar la tostada redonda sobre la boca del recipiente del huevo y volcarlo. ■ Colocarlos en la fuente o en platos de dos en dos, cubrirlos con la salsa y espolvorearlos con el resto del jamón picado.

Nota: También se pueden hacer con huevos escalfados (*ver Preparados auxiliares*).

HUEVOS REVUELTOS CON ESPÁRRAGOS Y QUESO

Ingredientes (para 4 personas): 8 huevos. 1 manojo de espárragos verdes. 100 gramos de queso de nata en barra. 4 cucharadas de aceite. 8 cucharadas de nata líquida. Perejil, sal y pimienta.

Tiempo de preparación: 15 minutos.

Calorías: 410.

■ Limpiar y lavar los espárragos, escurrirlos y cortarlos en trozos con la mano para desechar la zona correosa. ■ Calentar el plato dorador durante 7 minutos y freírlos en el aceite 2 minutos a potencia máxima; reservarlos. ■ Batir los huevos, sazonarlos con sal, pimienta y perejil picado, añadir la nata líquida. ■ Cortar el queso en dados y mezclarlo con los huevos y los espárragos. ■ Introducirlos en el microondas entre 1 y 2 minutos al 50% de potencia, sacarlos, moverlos y repetir durante 1 minuto más. ■ Moverlos, comprobar el punto (deben quedar muy jugosos) y servirlos en cazuelitas espolvoreados con perejil y acompañados de triángulos de pan frito.

Nota: Los huevos revueltos deben quedar muy cremosos; de ahí que se muevan dos o tres veces mientras se hacen y que se programe el microondas a media potencia.

Huevos revueltos con gambas

Ingredientes (para 4 personas): 8 huevos. 8 cucharadas de nata líquida. 200 gramos de gambas peladas. 100 gramos de queso cremoso. Unas ramas de perejil, sal y pimienta.
Tiempo de preparación: 20 minutos.
Calorías: 350.
■ Batir los huevos con la nata líquida en un bol, añadir el perejil picado y sazonar con sal una pizca de pimienta. ■ Añadir el queso cortado en dados y las gambas peladas a los huevos batidos. ■ Introducir el bol en el horno 2 minutos al 50% de potencia, sacarlo, moverlo enérgicamente y meterlo 2 minutos más, mover y comprobar el punto (deben estar poco cuajados). ■ Servirlos, acompañados de pan frito o de hojaldre.
Nota: El secreto de los huevos revueltos es que se hagan muy despacio, moviéndolos continuamente. Si se hicieran en un cazo lo mejor sería ponerlos al baño María.

Lasaña de berenjenas y gambas

Ingredientes (para 4 personas): 800 gramos de berenjenas. 1/2 kilo de gambas. 150 gramos de queso Emmental rallado. 100 gramos de jamón serrano. 2 cucharadas de mantequilla. 4 cucharadas de harina. 3/4 de litro de leche. 2 cucharadas de aceite. Sal, pimienta y nuez moscada.
Tiempo de preparación: 30 minutos, más el tiempo de remojo.
Calorías: 675.
■ Pelar las berenjenas, cortarlas en lonchas de 1 cm y ponerlas a remojo en agua con sal durante media hora para que suelten el amargor. ■ Introducirlas en el microondas, en un recipiente tapado, durante 6-8 minutos al 100% de potencia. ■ Pelar las gambas y cocer las cabezas con un vaso de leche durante 3 mi-

nutos. ■ Triturarlas y pasar la leche por un colador fino o por el chino. ■ Mezclar el líquido resultante con el resto de la leche y calentarlo 3-4 minutos. ■ Fundir la mantequilla 15-20 segundos al 50%, añadir la harina y meter en el horno 1 minuto para que se rehogue. ■ Incorporar la leche moviendo enérgicamente, sazonar con sal, pimienta y nuez moscada y seguir la cocción 3-4 minutos al 100%, moviendo cada 30 segundos. ■ Picar el jamón en dados diminutos. ■ Hacer las gambas sazonadas con el aceite durante 1/2 minuto. ■ Poner en una fuente refractaria una capa de berenjenas, repartir por encima el jamón y las gambas, otra capa de berenjenas y cubrir con la besamel. ■ Espolvorear con el queso y gratinar en el microondas combinado con *grill* durante 5 minutos, hasta que el queso se funda y quede dorado.
Nota: Es importante salpicar de sal las berenjenas o ponerlas a remojo en agua con bastante sal, para que pierdan el amargor, que puede estropear la preparación.

Lazos con anchoas y atún

Ingredientes (para 4 personas): 400 gramos de lazos de colores. 1/4 litro de salsa de tomate. 150 gramos de atún en aceite. 8 anchoas. 100 gramos de queso parmesano rallado. 100 gramos de aceitunas negras. 4 cucharadas de aceite. Albahaca y pimienta.
Tiempo de preparación: 20 minutos.
Calorías: 710.
■ Hervir agua con sal y un chorreón de aceite durante 7 minutos. ■ Introducir los lazos y cocerlos 10 minutos al 100%. ■ Sacar la fuente, escurrir los lazos y mezclarlos con aceite. ■ Mezclar en el mismo recipiente la salsa de tomate, el atún desmenuzado, las anchoas picadas y las aceitunas en trozos. ■ Meter la fuente en el horno 2 minutos. ■ Sacarla, añadir la albahaca picada, el queso y la pimienta y repetir 1-2 minutos.

■ Servir los lazos con la salsa y, si se desea, acompañarla además con queso rallado.

Nota: En este receta se debe tener mucho cuidado con la sal, ya que las anchoas y las aceitunas suelen estar algo saladas.

MACARRONES CON COSTILLAS DE CERDO

Ingredientes (para 4 personas): 300 gramos de macarrones. Un chorreón de aceite. 1/4 kilo de costillas de cerdo troceadas. 4 salchichas frescas. 1 cebolla. 1 lata de 1/2 kilo de tomate triturado. 1 cucharada de paté. Sal.

Tiempo de preparación: 45 minutos.

Calorías: 550.

■ Poner agua abundante a hervir durante 5 minutos al 100%. ■ Añadir sal, un chorreón de aceite y los macarrones, y cocer 10 minutos. ■ Escurrirlos y reservarlos. ■ Calentar la bandeja de dorar 7 minutos, colocar las costillas ligeramente engrasadas y sazonadas y las salchichas cortadas en trozos y dorarlas 3-4 minutos; retirarlas y reservarlas. ■ Pelar y picar la cebolla muy fina y freírla en la grasa que haya quedado en la bandeja durante 3 minutos, añadir el tomate y hacer 10 minutos más. ■ Incorporar el paté y moverlo para que se deshaga. ■ Añadir los macarrones y las costillas, mezclarlo todo e introducirlo de nuevo durante 2 minutos.

Nota: En lugar de macarrones, se puede emplear otra pasta larga, como espaguetis o cintas, y seguir los tiempos indicados por el fabricante para la cocción.

PASTA A LA CARBONARA

Ingredientes (para 4 personas): 300 gramos de pasta. 1 litro de agua. 1 cucharada de aceite. 1 cucharada de mantequilla. Sal. **Salsa carbonara:** 150 gramos de beicon en 2 lonchas.

8 cucharadas de nata líquida. 1/2 cebolla. 4 cucharadas de aceite. 2 huevos. 100 gramos de queso rallado. Sal y pimienta.
Tiempo de preparación: 45 minutos.
Calorías: 810.
■ Hervir 7 minutos el agua con la sal y el aceite en la olla especial para pasta o en un recipiente hondo de cristal refractario. Añadir la pasta y cocerla 10 minutos al 100%. ■ Escurrirla, mezclarla con la mantequilla y servirla con la salsa y el queso rallado.
Salsa carbonara: ■ Mientras se escurre la pasta, freír en el mismo recipiente la cebolla picada muy fina con el aceite durante 4 minutos a máxima potencia. ■ Incorporar el beicon cortado en dados pequeños y freírlo 2 minutos más. ■ Añadir la nata líquida y la mitad del queso y sazonar con sal y pimienta. ■ Batir los huevos, unirlos a la salsa y hacer 1 minuto, mover y cocer 1 minuto más. ■ Mezclar con la salsa y el resto del queso.
Nota: Ver en «Utensilios para microondas» la descripción de esta olla. En el interior tiene un cestillo que sirve para escurrir la pasta mientras se hace la salsa. En el mismo recipiente se mezcla con la pasta y se sirve a la mesa.

REVUELTO DE CALABACINES

Ingredientes (para 4 personas): 3 calabacines. 2 cucharadas de aceite. 8 huevos. 8 cucharadas de nata. Unas ramitas de menta y perejil, sal y pimienta.
Tiempo de preparación: 15 minutos.
Calorías: 300.
■ Raspar la piel de los calabacines, lavarlos y cortarlos en juliana gruesa con el molinillo de legumbres. ■ Ponerlos en un recipiente con el aceite y meterlos en el horno 2 minutos al 100%. ■ Sacar la fuente y sazonarlos con sal, pimienta, unas hojitas

de menta picada y perejil. ■ Batir los huevos como para tortilla, añadirles la nata y mezclarlos con los calabacines escurridos en el mismo recipiente en que se hicieron. ■ Introducirlos durante 1 minuto al 75% de potencia, sacar la fuente, moverlos y repetir 1 minuto más. ■ Mover, comprobar el punto y servir con triángulos de pan frito o de hojaldre.

Nota: Los calabacines no siempre sueltan la misma cantidad de jugo; por eso es preciso escurrirlos antes de revolverlos con los huevos.

Revuelto de huevos con berenjenas

Ingredientes (para 4 personas): 2 berenjenas. 1 cebolla. 4 huevos. 4 cucharadas de nata líquida. 6 cucharadas de aceite. Sal y pimienta.

Tiempo de preparación: 35 minutos.

Calorías: 285.

■ Pelar las berenjenas, cortarlas en cuadraditos y ponerlas a remojo de agua con sal 10 minutos, para que suelten el jugo amargo; escurrirlas bien y secarlas en lo posible. ■ Pelar la cebolla, cortarla en rodajas finas y ponerla con aceite en un recipiente, taparlo e introducirlo en el horno durante 5 minutos al 100% de potencia. ■ Sacarlo, añadir las berenjenas secas, sazonar con sal y pimienta y repetir, con el recipiente destapado, durante 5 minutos. ■ Batir los huevos, como para tortilla, añadir la nata líquida y verterlos sobre las berenjenas con la cebolla. ■ Revolver y hacer durante 2 minutos al 75%, sacarlo, revolver de nuevo y repetir 2 minutos al 75%. ■ Sacarlos y servirlos inmediatamente.

Nota: Este mismo revuelto se puede hacer con calabacín; pero, como el calabacín suelta más líquido que la berenjena, es muy posible que se tenga que consumir a fuego vivo durante unos minutos.

Revuelto de salmón para invitados

Ingredientes (para 4 personas): 8 huevos. 8 cucharadas de nata líquida. 1 sobre de salmón ahumado. Unas ramas de perejil. 8 espárragos trigueros de lata. Sal y pimienta. **Moldes:** 4 obleas grandes de empanadillas; aceite para freírlas.
Tiempo de preparación: 20 minutos.
Calorías: 350.
Moldes: ■ Engrasar con aceite moldes individuales de *brioche* y forrarlos con obleas de empanadilla, acoplando bien la oblea a las ondulaciones del molde. ■ Freírlas en abundante aceite caliente (se separan solas del molde); reservarlas. ■ Batir los huevos con la nata líquida en un bol, añadir el perejil picado y sazonar con sal y una pizca de pimienta. ■ Añadir a los huevos la mitad del salmón cortado en trocitos. ■ Introducir la mezcla en el microondas durante 2 minutos al 50% de potencia, sacarla, moverla enérgicamente y volver a meterla 2 minutos más; mover y comprobar el punto (debe estar poco cuajada). ■ Servir dentro de los moldes de empanadilla, con unas tiras de salmón por encima, los espárragos cruzados y espolvoreados de perejil picado.
Nota: Otra manera de presentarlo es entre dos redondeles de hojaldre, uno como base para colocar el revuelto y el otro como tapa. El hojaldre puede ser congelado, cortado con el cortapastas redondo, pintado de huevo y cocido 15 minutos en el horno tradicional.

'Rissoto' de champiñones

Ingredientes (para 4 personas): 4 tacitas moka de arroz. 8 tacitas moka de caldo de verduras. 1 cebolla. 50 gramos de panceta ahumada. 100 gramos de champiñones. 4 cucharadas de aceite. 50 gramos de queso rallado. 4 cucharadas de nata líquida. Sal, pimienta y perejil.

Tiempo de preparación: 30 minutos.
Calorías: 470.
■ Pelar la cebolla y picarla muy fina, cortar la panceta ahumada en dados pequeños y limpiar los champiñones y cortarlos en láminas. ■ Freír la panceta en aceite 1 minuto al 100%. ■ Añadir la cebolla y los champiñones y cocer de nuevo durante 3 minutos. ■ Agregar el arroz y rehogarlo 2 minutos. ■ Regar con el caldo caliente, sazonar, cocer 12 minutos, moviéndolo cada 2 minutos y a mitad de cocción añadir el queso y, en los últimos 2 minutos, la nata.
Nota: Es un arroz al estilo milanesa. Lo que quiere decir que tiene que quedar cremoso. Por eso hay que moverlo mientras se hace.

Tortilla de calabacín

Ingredientes (para 4 personas): 2 calabacines. 5 huevos. 1 cebolla. 4 cucharadas de aceite. 1 cucharada de puré de patata instantáneo. Sal y pimienta.
Tiempo de preparación: 20 minutos.
Calorías: 230.
■ Lavar y secar los calabacines, raspar la piel y cortarlos en rodajas finas. ■ Pelar la cebolla y cortarla en aros finos. ■ Poner el aceite en un recipiente, con la cebolla y el calabacín; sazonarlos y mezclarlos. ■ Introducir el recipiente, cubierto con la tapadera de agujeros para que permita la evaporación, durante 10 minutos al 100% de potencia. ■ Sacar los calabacines, añadir el puré de patata instantáneo y mezclarlo en caliente hasta que se deshaga. ■ Batir los huevos, como para tortilla, sazonarlos y mezclarlos con el calabacín, la cebolla y el puré; comprobar el punto de sazón. ■ Engrasar una fuente redonda refractaria con aceite, verter la preparación y meter en el microondas combinado con gratinador 4-5 minutos.

■ Sacar la fuente, redondear la tortilla con la espumadera, como se hace en la sartén, y volver a meterla 1 minuto. ■ No bien se dore un poco, sacarla y servirla en el mismo recipiente, sin darle la vuelta.

Nota: Como el calabacín suelta mucha agua, no es preciso poner agua a los huevos, como se hace con la tortilla de patata. La función del puré instantáneo es precisamente que absorba algo de agua.

TORTILLA DE CHAMPIÑONES Y QUESO

Ingredientes (para 4 personas): 6 huevos. 2 cucharadas de aceite. 1/2 cebolla pequeña. 50 gramos de champiñones. 50 gramos de queso *gruyère* rallado. 2 cucharadas de nata líquida. Perejil, sal y pimienta.

Tiempo de preparación: 30 minutos.

Calorías: 160.

■ Pelar la cebolla, cortarla en aros finos y quitar el pie terroso a los champiñones; lavarlos y cortarlos en láminas. ■ Calentar el aceite en la olla rápida de microondas durante 30 segundos y añadir la cebolla y los champiñones, tapar cerrando los orificios con plástico adherente y estofarlos durante 5 minutos a máxima potencia. ■ A mitad del tiempo, abrir con cuidado la olla y mover el contenido. ■ Batir los huevos con el queso, la nata, el perejil picado, la sal y la pimienta y mezclar con los champiñones. ■ Engrasar ligeramente un recipiente plano de duralex o el especial de cuajar tortillas, volcar la preparación e introducirlo en el horno durante 3 minutos al 50%. ■ Comprobar el punto y, si se ha hecho una única tortilla, encender el gratinador 3 minutos para que acabe de cuajar. ■ Si son tortillas tipo francesas, con 3 minutos es suficiente; aunque quedan más parecidas al flan que a la tortilla.

Nota: Es preferible hacer una tortilla a la española, es decir, con patata, pimiento, champiñón o lo que se le quiera añadir, que la clásica francesa, ya que, a pesar de los recipientes en forma de media luna, el huevo cuaja como un flan y no alcanza la consistencia típica de la tortilla francesa.

TORTILLA DE PATATA CON CEBOLLA Y PIMIENTO

Ingredientes (para 4 personas): 400 gramos de patatas. 5 huevos. 1/2 cebolla grande. 1 pimiento verde. 1 vaso de vino de aceite. 5 cucharaditas de agua. Sal.
Tiempo de preparación: 30 minutos.
Calorías: 400.
■ Pelar la cebolla y picarla muy fina, lavar el pimiento y cortarlo en cuadritos, ponerlos en un recipiente, añadir 4 cucharadas de aceite y taparlo. ■ Introducir el recipiente en el microondas durante 5 minutos al 100% de potencia. ■ Pelar las patatas, lavarlas y cortarlas en rodajas finas, como para tortilla. ■ Sacar la cebolla y el pimiento, añadir las patatas y regar en el resto del aceite, tapar y volver a meter en el horno 10 minutos. ■ Mover las patatas y cocer 5 minutos más. ■ Sacarlas y mezclarlas con los huevos batidos con el agua, sazonar y verter la mezcla en una fuente de pírex plana engrasada con aceite. ■ Introducir en el microondas combinado con *grill* entre 5 y 6 minutos. ■ A mitad del tiempo, interrumpir y redondear la tortilla con la espumadera, como se hace con una tortilla en la sartén. ■ En cuanto se dore un poco, reposar 1 minuto y servir en la misma fuente, sin darle vuelta.
Nota: El secreto de la tortilla está en añadir una cucharada de agua por cada huevo, para que resulte jugosa, y no darle la vuelta.

TORTILLA MURCIANA

Ingredientes (para 4 personas): 5 huevos. 1 calabacín. 1 cebolla pequeña. 1 pimiento verde. 1 berenjena pequeña. 2 cucharadas de tomate frito. 100 gramos de jamón serrano. 6 cucharadas de aceite. Sal.

Tiempo de preparación: 30 minutos.

Calorías: 325.

■ Pelar la cebolla, el calabacín y la berenjena y cortarlos en dados pequeños. ■ Lavar y secar el pimiento y cortarlo en cuadraditos; cortar de la misma manera el jamón. ■ Poner en un recipiente el aceite con el jamón, la cebolla y el pimiento, e introducirlo destapado en el horno durante 4 minutos al 100% de potencia. ■ Sacarlo, añadir la berenjena y el calabacín y dejarlo 2 minutos más al 100%. ■ Agregar el tomate y hacerlo otros 3 minutos. ■ Batir los huevos, mezclarlos con las verduras, sazonar, comprobar el punto y verter la mezcla en un recipiente plano de cristal o duralex. ■ Meterlo en el microondas con el gratinador y cuajar la tortilla durante 6-7 minutos. ■ Si no se ha dorado suficiente, quitar la función microondas, acercarla al gratinador con la rejilla metálica y gratinarla 1 minuto más.

Nota: Esta tortilla no necesita agua porque tanto el calabacín, como la cebolla y la berenjena, sueltan mucho líquido de vegetación y no lleva patatas que lo empapen.

Calabacines rellenos

Ingredientes (para 4 personas): 1 kilo de calabacines del mismo grosor. 1 cebolla mediana. 150 gramos de beicon en dados. 4 cucharadas de aceite. Sal. Pimienta. 1/4 litro de besamel (*ver Preparados auxiliares*). 4 cucharadas de nata líquida. 60 gramos de queso *gruyère* rallado.
Tiempo de preparación: 40 minutos.
Calorías: 425.
▪ Raspar la piel rugosa de los calabacines dejando lo verde, lavarlos y cortarlos en rodajas gruesas, como de 6 cm de altura. ▪ Colocarlos de forma simétrica en el plato giratorio, salpicarlos de sal y hacerlos durante 5 minutos al 100% de potencia. ▪ Sacarlos, vaciar el interior sin llegar al fondo y reservar la pulpa. ▪ Pelar y cortar la cebolla en rodajas muy finas, colocarla con el aceite en un recipiente apto para microondas, añadir el beicon en dados, taparlo y dejarlo 5 minutos. ▪ Añadir la pulpa del calabacín, moverlo para que se una todo y repetir 5 minutos. ▪ Rellenar los huecos de los calabacines con el refrito. ▪ Mezclar la besamel con la nata líquida, cubrir los calabacines, espolvorear de queso rallado y gratinar combinando *grill* y microondas durante 10 minutos. ▪ Servirlos calientes.
Nota: En lugar de pelar los calabacines, es mejor raspar sólo la parte más externa de la piel, para que queden verdes y tengan más cuerpo al vaciarlos de la pulpa.

Champiñones picantes

Ingredientes (para 4 personas): 3/4 kilo de champiñones. 4 cucharadas de aceite. 3 dientes de ajo. 1 guindilla. 2 cucharadas de tomate frito. La punta de una hoja de laurel. 1/2 limón. 1 cucharada rasa de Maizena. 1 vaso de caldo pollo. Sal y perejil.
Tiempo de preparación: 30 minutos.
Calorías: 155.
■ Limpiar los champiñones y filetearlos, pelar y picar los ajos, remojar la guindilla en agua hasta que se ablande y cortarla en aros, exprimir el limón. ■ Poner en un recipiente los champiñones, el aceite, los ajos, la guindilla, el tomate, el laurel, el zumo de limón, la sal y mezclarlo todo bien. ■ Meter la fuente destapada en el horno durante 7-8 minutos al 100%. ■ Una vez pasado el tiempo, moverlo y agregar la Maizena disuelta en el caldo. ■ Continuar la cocción 4-5 minutos. ■ Sacarlos, comprobar el punto y servirlos espolvoreados con perejil picado.
Nota: Estos champiñones son un estupendo aperitivo para servirlo en cazuelitas de barro, que se pueden introducir llenas de agua 5 minutos en el microondas para que se calienten y llenarlas después de champiñones.

Champiñones rellenos

Ingredientes (para 4 personas): 12 champiñones grandes. 1 cebolla pequeña. 2 cucharadas de aceite. 1 huevo. 1 rebanada de pan mojada en leche. 100 gramos de jamón serrano. Perejil, sal y pimienta.
Tiempo de preparación: 30 minutos.
Calorías: 150.
■ Limpiar los champiñones, retirar el sombrero y cortar la zona terrosa del pie. ■ Picar los tallos muy pequeños, pelar

y picar la cebolla muy fina. ■ Poner la cebolla picada en un recipiente con el aceite y freírla, destapada, 2 minutos al 100%. ■ Añadir la cebolla, los pies picados de los champiñones, el huevo, la miga de pan escurrida, el jamón en dados diminutos y el perejil picado; salpimentar y mezclar. ■ Colocar los sombreros de los champiñones con la parte cóncava hacia arriba en una fuente. ■ Rellenarlos con la preparación anterior y cocerlos 5 minutos. ■ Dejarlos reposar 1 minuto y servirlos.
Nota: Si los champiñones son suficientemente grandes, bastará con 3-4 por persona, para tomar como primer plato. Si fueran más pequeños, contar 5-6 unidades para cada comensal.

Chile con carne

Ingredientes (para 4 personas): 1 bote de frijoles de 400 gramos. 1/2 kilo de tomates. 2 cebollas. 1/2 pimiento verde. 1 zanahoria. 4 cucharadas de aceite. 200 gramos de carne picada. 1 diente de ajo. 1 cucharadita de moka de chile en polvo. Sal.
Tiempo de preparación: 40 minutos.
Calorías: 540.
■ Pelar y picar la cebolla y la zanahoria muy finas, lavar el pimiento, quitarle las semillas y cortarlo en tiras. ■ Poner la cebolla y el pimiento con el aceite en una olla de microondas, taparla y meterla en el horno durante 3-4 minutos al 100%. ■ Añadir la carne picada, el ajo prensado y el chile en polvo, sazonar y meterla de nuevo en el horno, destapada, durante 5 minutos al 75%. ■ A la mitad del tiempo, parar y moverlo con una cuchara de madera. ■ Añadir los tomates pelados, sin pepitas y cortados en dados pequeños, y los frijoles y cocer con el recipiente tapado 8 minutos al 75%. ■ Comprobar y rectificar el punto de sazón, si fuera necesario, y dejarlo reposar 5 minutos antes de servir.

Nota: Los frijoles son alubias rojas muy apreciadas en México. Se pueden encontrar en lata en los buenos supermercados. Lo mismo que el chile, que es un pimiento picante.

COLIFLOR CON AJADA

Ingredientes (para 4 personas): 4 coliflores *baby*. 12 patatas nuevas cocidas y peladas. 1/4 litro de agua. 4 cucharadas de aceite. 4 dientes de ajo. 2 cucharadas de pimentón. Sal.
Tiempo de preparación: 30 minutos.
Calorías: 260.
■ Limpiar las coliflores, quitando todas las hojas verdes, lavarlas y cortar los troncos muy rectos de forma que queden bien asentadas sobre los platos. ■ Colocarlas en un recipiente de cristal hondo, regarlas con el agua, sazonarlas e introducirlas en el microondas durante 10-15 minutos al 100%. ■ Pincharlas para comprobar si están hechas. ■ Pelar los dientes de ajo, filetearlos y freírlos en aceite 1-2 minutos. ■ Sacarlos del aceite, añadir el pimentón y dejar reposar para que se pose en el fondo. ■ Colar la salsa con cuidado de que no caiga el poso y servir las coliflores regadas con esta salsa.
Nota: Se puede emplear una coliflor grande, cocer aparte unas patatas y bañar todo con la ajada, que debe estar transparente.

CUAJADO DE PATATA Y BEICON

Ingredientes (para 4 personas): 1 kilo de patatas. 1 cebolla. 6 cucharadas de aceite. 100 gramos de beicon en dados. 4 huevos. Sal y pimienta.
Tiempo de preparación: 25 minutos.
Calorías: 580.

■ Pelar las patatas, lavarlas y cortarlas en rodajas; pelar la cebolla y cortarla en lonchas finas. ■ Poner las patatas y la cebolla, mezcladas y sazonadas, en un recipiente, regarlas con el aceite, tapar y meter en el horno durante 8 minutos al máximo de potencia. ■ Destapar, añadir el beicon en dados, tapar y dejarlo 5 minutos más. ■ Batir los huevos como para tortilla, salpimentarlos, verterlos sobre las patatas y mover para que se mezclen. ■ Cuajarlo en el microondas al 75% durante 2-3 minutos, moverlo y dejarlo 2-3 minutos, con el *grill* encendido a la máxima potencia, hasta que se cuajen con costra por encima.
Nota: Hay que emplear un recipiente que aguante el calor del microondas. No puede ser de plástico. Debe llevar tapa y tiene que ser plano, para que el alimento quede extendido.

ENSALADILLA MIXTA

Ingredientes (para 4 personas): 2 patatas medianas. 2 huevos duros. 1 lata pequeña de maíz dulce. 1 lata pequeña de bonito en aceite. 12 aceitunas sin hueso. Una lata pequeña de palmitos. 2-3 pepinillos. **Aliño:** 1 bote mediano de mayonesa. 1 cebolleta. 1 cucharada de mostaza a la antigua. Eneldo picado.
Tiempo de preparación: 30 minutos.
Calorías: 575.
■ Lavar las patatas y colocarlas simétricas en el microondas durante 10 minutos al 100 %, sacarlas, darles la vuelta y ponerlas otros 10 minutos. ■ Sacarlas y, en cuanto se puedan tocar con la mano, pelarlas y cortarlas en dados. ■ Cascar los huevos en los moldes cuece huevos o en tazas o copas pequeñas, pinchar las yemas y meterlos 1 minuto en el horno. ■ Picar los huevos cuando se enfríen. ■ Abrir las latas, picar el bonito y los pepinillos y cortar en rodajitas los palmitos. ■ Mezclar en un bol todos los ingredientes y aliñarlos con la salsa.

Aliño: Picar la cebolleta muy fina y mezclarla con la mayonesa, la mostaza y el eneldo.
Nota: La ensaladilla admite toda clase de verduras: zanahoria, judías verdes, guisantes y hasta remolacha, que se añade en el último momento para que no tiña de rojo toda la ensaladilla.

Espinacas a la crema

Ingredientes (para 4 personas): 1 paquete de espinacas congeladas de 250 gramos. 1 cucharada de mantequilla. 2 cucharadas de harina. 1/4 litro de leche. Sal, pimienta y nuez moscada.
Tiempo de preparación: 40 minutos.
Calorías: 140.
■ Descongelar y cocer, al mismo tiempo, las espinacas durante 10 minutos al 75% de potencia; escurrirlas y reservarlas. ■ Fundir en el mismo recipiente la mantequilla durante 50 segundos al 50%. ■ Añadir la harina a la mantequilla fundida, moverla y rehogarla 1 minuto al 100%. ■ Añadir la leche, mover con fuerza para que no se hagan grumos y sazonar con sal, nuez moscada y pimienta. ■ Meter en el horno 5 minutos, moviendo al menos dos veces durante este tiempo. ■ Unir las espinacas con la besamel y cocer 10 minutos. ■ Rectificar el punto de sazón y servir, acompañadas de pan frito.
Nota: Si se emplean espinacas frescas, lavarlas, quitar el agua, picarlas y cocerlas únicamente con el agua que les quede después de escurridas, durante 4 minutos al 100% de potencia.

Flan de calabacín

Ingredientes (para 4 personas): 750 gramos de calabacín. 1 cebolla. Estragón. 4 huevos. 1 vaso de nata líquida o leche evaporada. 1 vaso de leche. 4 cucharadas de aceite. **Salsa blanca:**

1 taza de besamel, el jugo de los calabacines. **Salsa de pimientos:** 1 pimiento rojo, 1/2 cebolla, 1 diente de ajo, 1 cucharada de aceite, sal.
Tiempo de preparación: 1 hora.
Calorías: 370.
■ Lavar y raspar los calabacines; pelar la cebolla y cortar ambos en rodajas muy finas. ■ Ponerlos en la olla exprés del microondas con el aceite, la sal y un poco de estragón, taparla e introducirla en el microondas durante 15 minutos. ■ Sacar la olla, escurrir los calabacines y reservar su jugo para la salsa. ■ Mezclar la nata o leche evaporada con la leche y los huevos batidos, sazonarlo con sal y pimienta y unirlo a los calabacines. ■ Engrasar y rociar de pan rallado un molde alargado de *plum-cake* y llenarlo con los calabacines. ■ Taparlo con *film* transparente, agujerearlo y cocerlo durante 15 minutos a potencia máxima. ■ Dejarlo reposar 5-10 minutos y desmoldarlo en caliente. ■ Servir el flan de calabacín con la salsa blanca y la salsa de pimientos.
Salsa blanca: ■ Mezclar la besamel con el jugo de los calabacines y dar un hervor de 1 minuto al 100%. ■ Moverlo con las barillas.
Salsa de pimientos: Asar el pimiento entero, la cebolla en rodajas y el ajo con el aceite durante 15 minutos. ■ Pasar con todo su jugo por la trituradora; añadir algo de caldo y sazonar.
Nota: También se puede emplear para esta receta un molde de flan de corona, con agujero en el centro; pero siempre de plástico o cristal apto para microondas.

FLAN DE ESPÁRRAGOS VERDES

Ingredientes (para 8 personas): 1 lata de 1 kilo de espárragos verdes. 3 huevos. 1 vaso de nata líquida. 50 gramos de queso manchego rallado. Sal, pimienta, aceite y pan rallado para en-

grasar el molde. Besamel clarita (*ver Preparados auxiliares*) para acompañar.
Tiempo de preparación: 25 minutos.
Calorías: 200.
■ Escurrir los espárragos del líquido de la lata; reservar algunas puntas para adornar y cortar el resto en trocitos pequeños. ■ Batir los huevos, como para tortilla, y sazonarlos con sal y pimienta. ■ Mezclar los huevos con la nata líquida y agregar el queso rallado; mover para que se integren bien. ■ Añadir los espárragos. ■ Engrasar con aceite y rociar de abundante pan rallado un molde de corona y llenarlo con la preparación. ■ Introducirlo en el microondas al 75% de potencia durante 7 minutos; abrir el horno y pinchar el flan con una aguja para comprobar el punto. ■ Hacerlo otros 7-8 minutos, sacarlo y dejarlo reposar 5 minutos. ■ Volcarlo en una fuente y adornarlo con las puntas de espárragos reservadas. ■ Poner en el centro del molde la besamel y acompañar con el resto en la salsera. ■ Servir caliente.
Nota: Si se quiere aligerar de calorías la preparación, utilizar un bote de leche concentrada en lugar de nata líquida. La potencia del queso manchego anulará el sabor de la leche concentrada.

FLAN DE ESPINACAS

Ingredientes (para 4 personas): 800 gramos de espinacas picadas congeladas. 100 gramos de jamón de York. 4 huevos. 100 gramos de queso rallado. 8 cucharadas de nata líquida. pimienta blanca. Sal, mantequilla y pan rallado para el molde. **Salsa mornay** (*ver Preparados auxiliares*).
Tiempo de preparación: 45 minutos.
Calorías: 385.
■ Poner las espinacas sobre la rejilla descongeladora durante 15 minutos con el microondas en posición «descongelar».

■ Escurrirlas, colocarlas en un recipiente amplio y cocerlas 5 minutos al 100%. ■ Batir los huevos, como para tortilla, añadir el queso rallado (reservando una cucharada), la nata líquida y el jamón cortado en dados pequeños; salpimentar. ■ Engrasar con mantequilla un molde de corona y espolvorearlo con pan rallado; llenar con la preparación anterior y taparlo con *film* agujereado. ■ Meterlo en el horno 15 minutos al 100%, sacarlo y dejarlo reposar 5 minutos. Desmoldarlo en la fuente de servir y llenar el centro con la salsa mornay y espolvorearlo con queso rallado.

Nota: Se puede hacer con espinacas frescas, en cuyo caso se necesita 1 kilo y 1/2. Las espinacas hay que limpiarlas, lavarlas, cocerlas, sazonarlas y dejarlas 5 minutos al 100% de potencia.

FLAN DE PIMIENTOS

Ingredientes (para 4 personas): 1 lata de pimientos del piquillo. 1 lata de atún. 3 huevos. 1 bote de leche evaporada o 1 vaso de nata líquida. Sal, pimienta y nuez moscada.

Tiempo de preparación: 30 minutos.

Calorías: 275.

■ Escurrir los pimientos del líquido de la lata, reservar 3 o 4 y triturar el resto con la leche evaporada o la nata y al atún. ■ Batir los huevos, incorporarlos y sazonar con sal, pimienta y nuez moscada; añadir los pimientos reservados, cortados en cuadraditos. ■ Verter en un molde de rosca, engrasado con aceite, taparlo con *film*, pinchar el papel para facilitar la evaporación y cocer durante 13 minutos al 100%. ■ Dejarlo reposar 3-4 minutos, volcarlo en la fuente y servirlo caliente, acompañado de salsa besamel o, si se prefiere frío, de salsa mayonesa.

Nota: Hay latas de pimientos del piquillo cortados en tiras, para que esta preparación resulte más económica.

Flan de verduras

Ingredientes (para 4 personas): 1 lata pequeña de puntas de espárragos. 150 gramos de judías verdes. 150 gramos de zanahorias. 150 gramos de guisantes. 1/4 kilo de espinacas. 150 gramos de alcachofas (todas las verduras han de ser congeladas). 4 huevos. 8 cucharadas de nata líquida. 75 gramos de jamón serrano. Sal, pimienta, aceite y pan rallado para el molde. Salsa besamel para cubrir, picatostes finitos para pinchar en el flan y perejil picado para espolvorear.
Tiempo de preparación: 30 minutos.
Calorías: 300.
■ Poner todas las verduras (que ya vienen troceadas y algo cocidas), salpicadas de sal, pero sin agua, en un recipiente; taparlo e introducirlo en el microondas durante 6-8 minutos. ■ Escurrirlas y mezclarlas con los espárragos, el jamón picado en dados, los huevos batidos con la nata, un poco más de sal y comprobar el punto. ■ Engrasar y salpicar de pan rallado un molde de flan, llenarlo con las verduras y taparlo con *film*. ■ Meterlo en el horno de 8 a 10 minutos, reposar unos minutos y volver en la fuente de servir. Cubrirlo con la besamel clarita y pinchar los picatostes finitos como adorno, espolvorear con perejil y servir.
Nota: Las verduras deben estar muy bien escurridas, pues de lo contrario se encharca el flan y no cuaja.

Flan de zanahoria

Ingredientes (para 4 personas): 750 gramos de zanahorias. 1 cebolla. Estragón seco. 4 huevos. 1 vaso de nata o leche evaporada. 1 vaso de leche. 4 cucharadas de aceite. Pan rallado.
Salsa mornay: 1 cucharada de harina, 2 cucharadas de aceite, 1 vaso de leche, 2 cucharadas de queso rallado, sal, pimienta, ralladura de nuez moscada.

Tiempo de preparación: 45 minutos.
Calorías: 450.
■ Pelar y picar la cebolla muy fina, ponerla con el aceite, sal y un poco de estragón en un recipiente tapado e introducirlo en el microondas 5 minutos al 100 %. ■ Raspar, lavar y cortar las zanahorias en rodajas finas, añadirlas a la cebolla y hacer durante 10 minutos. ■ Escurrir la cebolla y la zanahoria y reservar su jugo para la salsa. ■ Mezclar la nata o leche evaporada con la leche y los huevos batidos, sazonarlo y unirlo con la cebolla y las zanahorias. ■ Engrasar y espolvorear de pan rallado un molde de corona o de *plum-cake*, llenarlo con la preparación y taparlo con *film* agujereado. ■ Cocerlo durante 15 minutos. ■ Sacarlo, dejarlo reposar 5 minutos y desmoldarlo en caliente.
Salsa: ■ Calentar el aceite 20 segundos, mezclar la harina y dejarlo hacerse 1-2 minutos, añadir la mitad de la leche caliente y el jugo de las zanahorias, sazonar con sal, pimienta y nuez moscada y cocer 4 minutos, añadir el queso y servir con el flan.
Nota: Si las cebollas son tiernas y blancas, de las nuevas, y las zanahorias grandes y algo duras, se pueden hacer juntas en 15 minutos.

Gratinado de puré y atún

Ingredientes (para 4 personas): 1 kilo de patatas. 2 cucharadas de mantequilla. 1 vaso de vino de leche. 2 cucharadas de aceite. 1 cebolla. 300 gramos de atún en aceite. 2 huevos duros. 50 gramos de queso Emmental rallado. Sal y pimienta.
Tiempo de preparación: 25 minutos.
Calorías: 500.
■ Lavar las patatas, pincharlas varias veces y hacerlas 8-10 minutos al 100% hasta que estén cocidas. ■ Pelarlas y pasarlas

por el pasapuré, añadir la mantequilla y la leche, moviendo enérgicamente, y salpimentar. ■ Pelar y picar la cebolla muy fina, freírla en el aceite, con el recipiente tapado con plástico de cocina durante 5 minutos. ■ Añadir el atún desmenuzado y los huevos duros picados, mezclar bien y rectificar el punto de sazón. ■ Engrasar con mantequilla una fuente refractaria, colocar la mitad del puré de patata, repartir por encima la mezcla de bonito, cebolla y huevo y cubrir con el resto del puré. ■ Espolvorear con el queso rallado y gratinar con el *grill*.

Nota: Se puede emplear puré de patata instantáneo, preparado en el microondas, siguiendo las instrucciones que indica el envase.

GRATINADO DELFINÉS

Ingredientes (para 4 personas): 1 kilo de patatas. 1 diente de ajo. 1 cucharada de Maizena. 1 vaso de agua de nata líquida. Sal, pimienta y mantequilla.

Tiempo de preparación: 40 minutos.

Calorías: 345.

■ Pelar las patatas, lavarlas, secarlas y cortarlas en rodajas, como para tortilla. ■ Engrasar una fuente de cristal o porcelana con mantequilla y colocar las patatas a capas, espolvoreando cada capa ligeramente con ajo muy picado, Maizena, sal y pimienta. ■ Regar las patatas con la nata líquida, repartir por encima bolitas de mantequilla, tapar con *film* e introducir en el microondas al 100% de potencia durante 15-20 minutos. ■ Si se dispone de *grill*, gratinarlas, destapadas, los últimos 5 minutos.

Nota: Hay que elegir, como siempre que se hace un guiso de patatas, unas patatas no nuevas, que sean un poco harinosas, para que no «engorden» la salsa.

GUISANTES A LA FRANCESA

Ingredientes (para 4 personas): 1/2 kilo de guisantes congelados finos. 1/4 kilo de cebollitas francesas. 1 cebolla. 3 zanahorias nuevas. 1 cogollo de lechuga. 4 cucharadas de mantequilla. 1 cucharada de azúcar. Hojas de menta fresca. La punta de una hora de laurel, sal y pimienta.
Tiempo de preparación: 30 minutos.
Calorías: 275.

■ Raspar las zanahorias y cortarlas en rodajas finas, lavar la lechuga y cortarla en juliana, pelar la cebolla y picarla. ■ Introducir las cebollas francesas en el microondas durante 4 minutos, sacarlas y, no bien se pueda, pelarlas. ■ Poner en el fondo de una fuente refractaria la cebolla, las cebollas francesas, la lechuga, la zanahoria, la menta, el laurel, los guisantes, la sal, el azúcar y la pimienta. ■ Mover todo, tapar la fuente y meter en el horno durante 15 minutos al 75% de potencia. ■ Destapar la fuente y dejar 10 minutos más. ■ Comprobar el punto y servir los guisantes jugosos, pero nunca encharcados de agua.
Nota: En caso de que se queden con demasiado líquido, consumirlo unos minutos a fuego vivo. Se pueden escalfar huevos para servirlos con los guisantes (*ver Preparados auxiliares*).

GUISANTES CON JAMÓN

Ingredientes (para 4 personas): 3/4 kilo de guisantes congelados. 8 hojas de lechuga. 1 cebolla pequeña. 4 cucharadas de aceite. 150 gramos de jamón serrano. Sal. 1 cucharadita de azúcar, pimienta y nuez moscada.
Tiempo de preparación: 30 minutos.
Calorías: 275.

■ Picar la cebolla pelada, lavar y escurrir las hojas de lechuga.
■ Colocarlas con aceite en un recipiente con tapa o taparlo

con *film*. ■ Estofarlas 2 minutos al 100%. ■ Añadir los guisantes congelados, mezclar bien y hacer durante 5 minutos. ■ Agregar el jamón cortado en dados pequeños y sazonar con sal, azúcar, pimienta y nuez moscada. ■ Tenerlo otros 2 minutos en el microondas. ■ Comprobar el punto de sazón y servir.

Nota: Se pueden escalfar huevos en los guisantes, añadiendo algo de agua o caldo si se hubieran quedado muy secos. Romper los huevos sobre los guisantes, pinchar la yema, tapar la fuente con *film* y mantenerlos 30 segundos al máximo y servirlos inmediatamente.

JUDÍAS CON BACALAO

Ingredientes (para 4 personas): 2 botes de alubias al natural cocidas. 2 dientes de ajo. 1/2 pimiento verde. 1/2 pimiento rojo. 1 cucharadita de pimentón. 2 cucharadas de salsa de tomate. 200 gramos de bacalao desalado. 4 cucharadas de aceite. Sal y pimienta.

Tiempo de preparación: 30 minutos.

Calorías: 340.

■ Calentar el aceite en un recipiente refractario 1/2 minuto al 100%, añadir los dientes de ajo picado y freírlos otro 1/2 minuto. ■ Agregar los pimientos picados y mantenerlos 2 minutos. ■ Sacar las alubias de los botes con cuidado de que no se rompan los hollejos e incorporarlas al refrito. ■ Espolvorear con el pimentón, añadir la salsa de tomate y el bacalao desmenuzado. ■ Mezclar bien, echar 1/2 vaso de agua y hacer durante 15 minutos. ■ Mover la olla para que las alubias suelten su harina y espesen la salsa, comprobar el punto de sazón, reposar unos minutos y espolvorearlas con perejil picado. ■ Si se quisiera espesarlas más, pasar por la trituradora unas cucharadas de judías y añadirlas a la salsa.

Nota: Las legumbres que se venden en botes, cocidas al natural, necesitan algo más de cocción, porque se considera que se van a guisar. Pero no es conveniente moverlas con cuchara, para que no se rompan; mejor hacerlo agarrando el recipiente o cazuela por las asas y salteándolas.

MENESTRA DE VERDURAS

Ingredientes (para 4 personas): 150 gramos de judías verdes. 150 gramos de guisantes. 150 gramos de habas *baby*. 150 gramos de espinacas. 150 gramos de alcachofas (todas las verduras pueden ser congeladas). Unas hojas de lechuga. 1/4 litro de caldo de cocer las verduras. 8 cucharadas de aceite. 75 gramos de jamón serrano. 1 cucharada de harina. 2 dientes de ajo. 1 cebolla. Sal.
Tiempo de preparación: 30 minutos.
Calorías: 290.
■ Poner las verduras en la olla tapada con 1 vaso de agua hirviendo y un poco de sal y cocer 5-6 minutos a potencia máxima con la cacerola tapada. ■ Sacar la olla, mover las verduras, taparla y mantenerla 3 minutos más. ■ Escurrir las verduras, reservarlas y reservar también el caldo. ■ Picar la cebolla y el ajo muy finos y freírlos en aceite 3-4 minutos, utilizando la misma olla. ■ Añadir el jamón en dados y la harina, moverlos y rehogar 1 minuto. ■ Regar con el caldo caliente, moverlo y mantenerlo 3 minutos para que dé unos hervores. ■ Moverlo de nuevo y añadir las verduras, mezclarlas, comprobar el punto de sal y calentar 1 minuto más.
Nota: La menestra se puede servir con rebanadas finas de pan frito o picatostes largos y muy finos, o con una sartenada de patatas fritas en cuadraditos; todo añadido en el último momento.

Pastel de zanahoria

Ingredientes (para 4 personas): 1 cebolla. 1/2 kilo de zanahorias. 4 cucharadas de aceite. 70 gramos de beicon. 3 huevos. 8 cucharadas de nata líquida. Sal. Pimienta. Nuez moscada. Perejil picado. Aceite y pan rallado para el molde. Besamel clarita.
Tiempo de preparación: 30 minutos.
Calorías: 525.
■ Picar la cebolla fina; raspar y lavar las zanahorias, cortarlas también en rodajas finas. ■ Poner la cebolla picada y la zanahoria en rodajas, con aceite, en un recipiente con tapa o taparlo con *film*. ■ Introducirlo en el microondas al 100% de potencia durante 10 minutos. ■ Sacar el recipiente, sazonar las zanahorias y añadir los huevos batidos con la nata líquida, sal, pimienta y nuez moscada. ■ Agregar el beicon cortado en dados o en cuadraditos. ■ Engrasar y salpicar de pan rallado un molde de corona y llenarlo con la preparación. ■ Tapar el molde, meterlo en el horno 15 minutos al 75% de potencia. ■ Dejarlo reposar 5 minutos, volcarlo en la fuente de servir y espolvorearlo con perejil picado. ■ Acompañarlo con la besamel caliente, puesta en el centro del molde, y servir el resto en la salsera.
Nota: Si se quiere, se puede pasar por la trituradora la cebolla y la zanahoria cuando ya estén hechas, para que resulte como una *mousse*. Pero hoy día está más de moda ver las rodajas de lo que se come.

Patatas al caviar

Ingredientes (para 4 personas): 4 patatas grandes, de la misma forma y tamaño. 8 cucharadas de nata espesa. 4 cucharadas de caviar de mújol o arenque. Sal y pimienta.

Tiempo de preparación: 40 minutos.
Calorías: 140.
■ Lavar y secar 4 patatas, pincharlas en varios puntos y cocerlas 10 minutos al 100%, darles la vuelta y continuar la cocción 10 minutos más. ■ Sacarlas, cortarles una rebanada en la parte superior y vaciarlas de pulpa sin romper la piel. ■ Mezclar la pulpa con la nata y sazonarla con sal y pimienta. ■ Rellenar las patatas con la mezcla de pulpa y nata, colocar en cada una de ellas 1 cucharada de caviar y servirlas calientes, acompañadas de una ensalada.
Nota: Para hacer las patatas se puede emplear el soporte especial de plástico o colocarlas de forma simétrica en el plato giratorio.

PATATAS AL ROQUEFORT

Ingredientes (para 4 personas): 4 patatas medianas. 50 gramos de queso roquefort. 1/2 vaso de nata líquida. Perejil picado.
Tiempo de preparación: 30 minutos.
Calorías: 185.
■ Lavar las patatas con piel, pincharlas, colocarlas en el asador de patatas y hacerlas durante 14 minutos al 100%. ■ Desmenuzar el queso, mezclarlo con la nata líquida y cocerlo 4 minutos al 75%. ■ Sacarlo y batirlo enérgicamente. ■ Pelar las patatas en caliente, cortarlas en rodajas, colocarlas en los platos y regarlas con la salsa del queso. ■ Servirlas espolvoreadas de perejil picado.
Nota: En verano se pueden servir las patatas frías y la salsa caliente e intercalar rodajas de manzana entre rueda y rueda de patata.

Patatas con chorizo

Ingredientes (para 4 personas): 1 kilo de patatas. 1 cebolla mediana. 250 gramos de chorizo no muy curado, tipo gallego o asturiano. 8 cucharadas de aceite. Sal.
Tiempo de preparación: 30 minutos.
Calorías: 605.
■ Pelar las patatas y la cebolla, lavarlas, escurrirlas y cortarlas en rodajas finas, como para tortilla; sazonarlas con sal. ■ Colocarlas en la olla exprés de microondas, regarlas con aceite, taparlas y cocerlas 10 minutos al 100%. ■ Sacarlas, moverlas bien e introducir entre las capas de patatas el chorizo cortado en rodajas, tapar la olla y mantenerla 5-6 minutos. ■ Dejarlas reposar 5 minutos y servir.
Nota: Es una cena rápida y sabrosa, a la que se pueden añadir tiras de pimiento verde, al tiempo que se pone la patata y la cebolla.

Patatas con salsa de salmón

Ingredientes (para 4 personas): 4 patatas medianas. **Salsa:** 100 gramos de salmón ahumado. 1/2 cebolla. 4 cucharadas de aceite. 8 cucharadas de nata líquida. 1 cucharada de huevas de salmón o trucha. Sal y pimienta.
Tiempo de preparación: 35 minutos.
Calorías: 360.
■ Lavar las patatas, pincharlas en varios sitios y colocarlas de forma simétrica en el plato giratorio o en el soporte de asar patatas. ■ Introducirlas 10 minutos en el microondas a la máxima potencia, darles la vuelta y mantenerlas 10 minutos más. ■ Sacarlas, pelarlas, colocarlas en la fuente de forma acaballada y regarlas con la salsa.
Salsa: ■ Picar la cebolla pelada y freírla en aceite durante 5 minutos al 100%. ■ Sacarla, añadir la nata líquida, sazonar muy

ligeramente y hacer durante 5 minutos. ■ Fuera del microondas incorporar el salmón en tiritas, y cuando esté la salsa sobre las patatas, esparcir por encima las huevas.
Nota: Se pueden tomar las patatas frías y la salsa caliente. También todo frío o todo caliente.

PATATAS RELLENAS CON BEICON Y ALMENDRAS

Ingredientes (para 4 personas): 4 patatas grandes. 75 gramos de beicon en dados pequeños. 60 gramos de almendras fileteadas. 60 gramos de queso *gruyère* rallado. 1 yema de huevo. 8 cucharadas de nata líquida. 4 cucharadas de mayonesa espesa. Pimienta blanca, sal y perejil.
Tiempo de preparación: 45 minutos.
Calorías: 700.
■ Lavar las patatas, pinchar la piel en varios sitios y colocarlas de forma simétrica en el plato giratorio o en el soporte especial. ■ Introducirlas en el microondas 10 minutos, sacarlas, darles la vuelta y mantenerlas otros 10 minutos. ■ Cuando estén templadas, cortarlas a la mitad y vaciarlas de la pulpa. ■ Mezclar la pulpa con la yema de huevo, la nata y el beicon; sazonar con sal y pimienta blanca, comprobar el punto y rellenar las patatas. ■ Colocarlas en una fuente refractaria redonda de manera simétrica, cubrirlas con la mayonesa y espolvorearlas con el queso rallado y las almendras fileteadas. ■ Calentar 5 minutos el *grill* a máxima potencia y gratinar durante 3-5 minutos o hasta que la mayonesa se dore y servir.
Nota: Para distribuir la mayonesa de forma fácil, se puede hacer con manga pastelera y boquilla lisa.

PATATAS RELLENAS CON GAMBAS

Ingredientes (para 4 personas): 8 patatas grandes. 1 vaso de leche. 8 cucharadas de mayonesa espesa. 1 vaso de nata líquida. 200 gramos de gambas peladas y cocidas. 3 yemas de huevo cocidas. 100 gramos de jamón serrano. Perejil, sal y pimienta.
Tiempo de preparación: 40 minutos.
Calorías: 725.
■ Lavar las patatas con piel, pincharlas por varios sitios y colocarlas de forma simétrica en el plato giratorio o en el soporte especial de asar patatas en el microondas. ■ Cocerlas 10 minutos al 100%, darles la vuelta y programarlas otros 10 minutos, hasta que estén tiernas. ■ Cortarlas por la mitad cuando estén templadas, vaciarlas con la cucharilla de hacer bolitas y reservar la pulpa. ■ Picar las gambas y el jamón en dados pequeños y mezclarlos con la leche, la mayonesa, la nata líquida, las yemas de huevo desmenuzadas y la pulpa de patata aplastada. ■ Sazonar la mezcla con sal, pimienta y perejil picado y rellenar las patatas. ■ Colocarlas en una fuente refractaria y gratinarlas 2-3 minutos al 100%.
Nota: Si se quiere dar un aspecto dorado y *soufflé* a las patatas, poner una ligera capa de mayonesa por encima y dorarlas con el *grill*.

PIMIENTOS DEL PIQUILLO RELLENOS DE GAMBAS

Ingredientes (para 4 personas): 12 pimientos del piquillo de lata. 1 cucharada de harina. 1 vaso de leche. 1 cucharada de mantequilla. 200 gramos de gambas peladas. 2 cucharadas de aceite. 1/2 cebolla. Sal, pimienta y nuez moscada. **Salsa:** 3 pimientos del piquillo de lata, 1/2 cebolla, 1 vaso de vino con nata líquida, 2 cucharadas de aceite.

Tiempo de preparación: 45 minutos.
Calorías: 445.
■ Pelar y picar la cebolla muy fina y freírla con aceite en un recipiente tapado con su tapa o con papel transparente, 5 minutos al 100%. ■ Sacar el recipiente, añadir las gambas, muy secas para que no salten, pero sazonadas, y rehogarlas, destapadas, 1 minuto; reservarlas. ■ Fundir en el mismo recipiente la mantequilla durante 30 segundos, añadir la harina, mover y rehogar 1 minuto con la mantequilla. ■ Calentar la leche 1 minuto, verterla sobre la harina rehogada, sazonar con sal, pimienta y nuez moscada; batir con fuerza y cocer 4 minutos, parando cada minuto para mover la besamel. ■ Mezclar la besamel con las gambas, dejarla enfriar un poco, para que espese, y rellenar los pimientos. ■ Colocar los pimientos en una fuente refractaria, verter la salsa caliente por encima y cocerlos 2 minutos al 100%.
Salsa: ■ Freír la cebolla muy picada en el aceite durante 4 minutos. ■ Añadir los pimientos y la nata y cocer 2 minutos. ■ Triturarlo y verter la salsa sobre los pimientos.
Nota: Lo mejor es comprar una lata de pimientos del piquillo grande, utilizar los que salgan enteros y, si alguno se rompe o viene roto, emplearlo para la salsa. También se venden pimientos del piquillo en tiras. Son más baratos y tienen la misma utilidad para la salsa.

PISTO

Ingredientes (para 4 personas): 1 cebolla. 1 pimiento verde. 1 calabacín. 1/4 litro de salsa de tomate. 4 cucharadas de aceite. Sal y pan frito.
Tiempo de preparación: 30 minutos.
Calorías: 140.
■ Pelar y picar la cebolla muy menuda, lavar el pimiento y cortarlo en cuadraditos, pelar el calabacín y cortarlo en dados.

■ Poner la cebolla y el pimiento en un recipiente, regarlos con el aceite y cocer destapados 5 minutos. ■ Añadir el calabacín y cocer 5 minutos más. ■ Incorporar el tomate, sazonar y mantener 2 minutos. ■ Comprobar el punto de sazón y añadir, si fuera necesario, una cucharada de azúcar para contrarrestar la acidez del tomate. ■ Servirlo con pan frito, arroz blanco, huevos fritos, etcétera.

Nota: El pisto es un preparado clásico que lleva mucho tiempo haciéndose por el modo tradicional. Pero si se cuenta con un buen tomate frito, se puede hacer rápidamente en el microondas.

POTAJE DE VIGILIA

Ingredientes (para 4 personas): 200 gramos de espinacas congeladas. 2 dientes de ajo. 4 cucharadas de aceite. 1 cucharada de pan rallado. 1 cucharadita de pimentón. 50 gramos de bacalao desalado. 1 bote de garbanzos cocidos. 1/2 hoja de laurel y sal.

Tiempo de preparación: 30 minutos.

Calorías: 285.

■ Descongelar las espinacas, destapadas, durante 5 minutos, revolverlas y continuar 5 minutos más, para que se cuezan. ■ Sacarlas, escurrirlas, picarlas menudas y reservarlas. ■ Freír los dientes de ajo muy picados en aceite 3 minutos, añadir el pimentón, el pan rallado y las espinacas, moverlo y cocer 5 minutos. ■ Añadir el bacalao desmigado, los garbanzos con el líquido de la conserva, el laurel y un vaso de agua caliente. ■ Sazonar, tapar y cocer 6 minutos al 100%.

Nota: El clásico potaje de garbanzos puede llevar además un par de huevos duros; las yemas deshechas en la salsa y las claras picadas y esparcidas por encima del potaje. Así queda un plato mucho más completo.

PUERROS CON BEICON

Ingredientes (parta 4 personas): 8 puerros. 8 lonchas de beicon. 100 gramos de queso rallado. Sal.
Tiempo de preparación: 30 minutos.
Calorías: 330.
■ Limpiar los puerros, cortarlos todos del mismo tamaño y colocarlos en un recipiente, con un vaso pequeño de agua y sal. ■ Introducirlos en el microondas y cocerlos, tapados, durante 8 minutos al 100%. ■ Escurrirlos, presionando para que pierdan el líquido, y envolver cada uno en una loncha de beicon. ■ Colocarlos en un recipiente plano engrasado, espolvorearlos con el queso rallado y meterlos en el horno 5 minutos, destapados para que se funda el queso.
Nota: Elegir puerros grandes y gordos, quitar las hojas externas, cortar lo verde y lavarlos repetidas veces en agua, para que suelten la arena.

TOMATES RELLENOS

Ingredientes (para 4 personas): 4 tomates grandes. 1 diente de ajo. 6 aceitunas verdes. 6 filetes de anchoa. 2 rebanadas de pan. 50 gramos de queso rallado. Unas hojas de albahaca.
Tiempo de preparación: 20 minutos.
Calorías: 80.
■ Lavar y secar los tomates, cortar la parte superior, vaciarlos y colocarlos boca abajo para que escurran el líquido de vegetación que les quede. ■ Picar la pulpa que se les ha extraído, colarla para que no lleve pepitas y reservarla. ■ Quitar la corteza al pan y desmenuzar la miga. ■ Mezclar en un cuenco la pulpa de tomate, el ajo prensado, las anchoas en trocitos, las aceitunas picadas, el pan y la albahaca lavada, seca y picada. ■ Colocar los tomates en un plato engrasado,

rellenarlos con la mezcla, espolvorearlos con el queso y hacerlos 8 minutos a mitad de potencia, si es posible con el *grill* encendido al máximo.

Nota: En lugar de espolvorearlos con queso rallado, se puede colocar encima de cada uno una loncha de queso fina, para que se gratine y se funda. Procurar que no sobresalga del tomate, para que no caigan gotas de queso al plato.

ALMEJAS A LA MARINERA

Ingredientes (para 4 personas): 1/2 kilo de almejas. 1 cebolla. 8 cucharadas de aceite. Perejil. La punta de 1 hoja de laurel. 1 cucharadita de pimentón (mitad dulce, mitad picante). 1 vaso de vino blanco. 1 cucharada rasa de harina. 1 vaso de agua.
Tiempo de preparación: 30 minutos.
Calorías: 265.
■ Picar la cebolla muy fina, ponerla en un recipiente grande con el aceite y hacerla durante 5 minutos a potencia máxima. ■ Añadir el perejil picado y la harina, moverlos y mantener 1 minuto más. ■ Agregar el pimentón, el vino, el laurel y el vaso de agua; sazonar, mezclar todo bien, taparlo y meter en el horno 5 minutos. ■ Lavar las almejas y añadirlas. ■ Cocerlas 4 minutos, moverlas y mantenerlas 3 minutos más. ■ Rectificar el punto de sazón y servirlas.
Nota: Éstas son a la manera gallega, pero también se pueden acompañar de arroz blanco.

ATÚN A LA SEVILLANA

Ingredientes (para 4 personas): 1 rodaja de atún de 1/2 kilo. 1 cebolla. 4 cucharadas de aceite. 300 gramos de tomates. 1 vaso de vino blanco. 4 pepinillos. 50 gramos de aceitunas negras. 50 gramos de aceitunas verdes. 1 hoja de laurel. Sal, pimienta y perejil.

Tiempo de preparación: 30 minutos.
Calorías: 410.

■ Poner un bol con agua a hervir durante 5 minutos. ■ Dar un corte a los tomates en forma de cruz en la zona opuesta a la inserción del tallo. ■ Introducirlos en el agua hirviendo y escaldarlos durante 5 minutos. ■ Pelarlos, quitar las semillas y cortarlos en dados. ■ Pelar y picar la cebolla y ponerla en un recipiente con el aceite, el tomate, el vino, la sal, la pimienta, el perejil y el laurel. ■ Hacer 6-7 minutos al 100%. ■ Sacar la fuente con el estofado y colocar encima la rodaja de atún, limpia y sazonada, los pepinillos y las aceitunas en rodajas. ■ Cocer 7 minutos más. ■ Dejar reposar 3-4 minutos y servir.

Nota: Este plato se puede hacer con el atún en lomos, en cuyo caso hay que disminuir el tiempo de cocción a 5 minutos.

BACALAO A LA VIZCAÍNA

Ingredientes (para 4 personas): 600 gramos de bacalao en trozos. 1 vaso y 1/2 de aceite. 3 dientes de ajo. **Salsa vizcaína:** 1 diente de ajo, 2 cebollas rojas, 1 cucharada de pasta de pimientos choriceros o 4 pimientos choriceros, 50 gramos de jamón o tocino entreverado, perejil picado, sal y pimienta.
Tiempo de preparación: 40 minutos, más el tiempo de remojo del bacalao.
Calorías: 490.

■ Remojar el bacalao en agua durante 36 horas, cambiando el agua tres veces; si se utilizan pimientos, remojarlos con el bacalao. ■ Escurrir el bacalao y quitar las espinas. ■ Freír los ajos en láminas con aceite en un recipiente de plástico o cristal durante 1 minuto. ■ Colocar encima el bacalao con la piel hacia arriba y mantenerlo 3 minutos. ■ Mover el recipiente como un pil-pil y reservar el bacalao y los ajos.

Salsa: ▪ Poner 6 cucharadas de aceite, el jamón en dados, el perejil y el ajo picados en un recipiente y hacerlo 1 minuto. ▪ Sacarlo, añadir la cebolla en rodajas finas y estofarla, tapada, 15 minutos al 75%. ▪ Raspar la pulpa de los pimientos y agregarla a la cebolla; cocer 1 minuto al 100%. ▪ Triturar la salsa y pasarla por el chino. ▪ Colocar el bacalao en una fuente de servir refractaria, regarlo con la salsa, añadir los dientes de ajo y meter en el horno 2-3 minutos. ▪ Servirlo espolvoreado con perejil picado.

Nota: Es importante que las cebollas sean rojas, y nunca se le debe añadir tomate.

BONITO EN ESCABECHE

Ingredientes (para 4 personas): 1 rodaja de bonito de 750 gramos. 1 vaso de aceite. 1/2 vaso de vinagre. 1/2 vaso de caldo de pescado. 1/2 vaso de vino blanco. 1 cucharadita de pimienta en grano. 1 zanahoria. 1 cebolla. 1 puerro. Tomillo, perejil y sal.

Tiempo de preparación: 45 minutos.

Calorías: 465.

▪ Lavar, secar y sazonar el bonito; pelar la cebolla; raspar la zanahoria; limpiar el puerro y cortar todas las verduras en juliana. ▪ Poner la cebolla, la zanahoria y el puerro con aceite en un recipiente amplio para que quepa el bonito y hacerlo durante 5 minutos. ▪ Añadir el vino, el caldo, el vinagre, la pimienta, el perejil, el tomillo y la sal y mantenerlo 10 minutos hasta que se haga. ▪ Introducir la rodaja de bonito en el escabeche y seguir la cocción otros 10 minutos. ▪ Rectificar el punto de sal, dejarlo reposar en el escabeche el tiempo que se desee, siempre cubierto de jugo.

Nota: El escabeche es una manera de conservar los alimentos sin necesidad de la nevera. Si se consume el bonito y queda escabeche, se puede calentar de nuevo e introducir otro pescado, incluso más fuerte de sabor, como las sardinas o el salmón.

BOQUERONES AL CHACOLÍ

Ingredientes (para 4 personas): 1 kilo de boquerones. 4 cebollas. 1 vaso de chacolí. 8 cucharadas de aceite. Sal y pimienta.
Tiempo de preparación: 1 hora.
Calorías: 535.
■ Quitar la cabeza, la espina y los intestinos de los boquerones; lavarlos, escurrirlos y salpimentarlos. ■ Pelar y picar la cebolla, ponerla con aceite en un recipiente plano de porcelana o cristal y taparlo con *film*. ■ Introducir la fuente en el horno y hacer la cebolla durante 5 minutos al 100% de potencia. ■ Reservar la mitad de la cebolla, dejando sólo una capa en el fondo de la fuente. ■ Colocar encima los boquerones limpios en filetes, cubrir con la cebolla reservada y meter la fuente en el horno 3 minutos. ■ Sacarla, regar con el vino y cocer 6 minutos al 50% de potencia.
Nota: Se deben elegir cebollas nuevas y dulces, de las que tienen la piel blanca y, si se quiere, se pueden estofar cortadas en rodajas finas.

CALAMARES AL AJILLO

Ingredientes (para 4 personas): 3/4 kg de calamares (es imprescindible que estén muy tiernos). 4 cucharadas de aceite. 2 dientes de ajo. 1 vaso de vino blanco. Zumo de limón, perejil, sal y pimienta.
Tiempo de preparación: 40 minutos.
Calorías: 250.

■ Limpiar los calamares, lavarlos, cortarlos en aros, sazonarlos con sal y pimienta y rociarlos con unas gotas de zumo de limón. ■ Poner los calamares con aceite y los ajos muy picados en una fuente y freírlos entre 8 y 10 minutos al 100%. ■ Sacar la fuente y regar los calamares con el vino, espolvorearlos con perejil picado, y volver a meterlos en el horno 5 o 6 minutos.

Nota: Hay que asegurarse de que los calamares sean tiernos y, si no se encuentran de la calidad necesaria, intentar la preparación con sepia.

Cazuela de sardinas

Ingredientes (para 4 personas): 18 sardinas pequeñas. 2 vasos de salsa de tomate casera. 1 cucharadita de pan rallado. 1 cucharada de perejil picado. 1 cucharada de queso rallado. Unas gotas de zumo de limón y sal.

Tiempo de preparación: 30 minutos.

Calorías: 300.

■ Limpiar las sardinas, quitarles las espinas y separar los lomos, secarlos con papel de cocina, sazonarlos y rociarlos con el zumo de limón. ■ Poner un fondo de salsa de tomate en una fuente, colocar una capa de lomos de sardina, después tomate y continuar alternando las capas, hasta terminar con el tomate. ■ Espolvorear con el pan rallado, el queso rallado y el perejil picado; tapar la fuente y cocer 5 minutos.

Nota: Venden lomos de sardina sin la espina; pero si se quiere ahorrar trabajo, emplear las sardinas limpias y enteras, colocándolas en una sola capa sobre el tomate, para que sea más fácil verlas y no se rompan al servirse.

Dorada a la sal

Ingredientes (para 4 personas): 1 dorada de 1 kilo. 1 kilo de sal gorda. 1 clara de huevo. Vinagreta de tomate templada (*ver Preparados auxiliares*).
Tiempo de preparación: 20 minutos.
Calorías: 395.
▪ Batir ligeramente la clara de huevo y mezclarla con agua; ponerla en un frasco de *spray*. ▪ Poner 1/2 kilo de sal gorda en una fuente, humedecerla con el *spray* y colocar encima la dorada limpia y seca. ▪ Cubrirla con el otro 1/2 kilo de sal y humedecerla con el *spray*. ▪ Aplastar la sal contra la dorada con las manos e introducir la fuente en el microondas durante 12 minutos al 100%. ▪ Sacar la fuente del horno, dejarla reposar 5 minutos y romper la costra de sal como si fuera una escayola. ▪ Servir la dorada con la vinagreta de tomate templada.
Nota: Si la dorada fuera de ración, cubrirla con menos sal y mantenerla en el microondas sólo 8 minutos al 100%. Si fuera mayor de 1 kilo y 1/2, aumentar el tiempo.

Dorada al jerez

Ingredientes (para 4 personas): 1 dorada de 1 kilo. Zumo de limón. 3 cucharadas de aceite. 2 cebollas. 1 copa de jerez fino. Sal, pimienta y perejil. Patatas cocidas al vapor para acompañar.
Tiempo de preparación: 20 minutos.
Calorías: 320.
▪ Salpimentar la dorada y rociarla con el zumo de limón. ▪ Engrasar una fuente refractaria con aceite y poner en ella las cebollas, cortadas en aros finos; sazonarlas con sal y pimienta. ▪ Introducir la fuente en el microondas durante 8 minutos al 100% de potencia, sacar la fuente y colocar la dorada sobre la

cebolla, regar con el jerez y espolvorear con perejil. ■ Tapar la fuente con plástico de cocina, agujerearlo en varios puntos y meterla de nuevo en el horno durante 10 minutos. ■ Comprobar el punto de cocción y mantenerla algún minuto más si está muy pegada la cabeza, teniendo en cuenta que fuera del horno las microondas siguen actuando unos minutos. ■ Servirla con su salsa y con patatas cocidas al vapor.

Nota: La dorada es un pescado ancho y necesita más tiempo que, por ejemplo, la lubina, que es más fina y delgada. Pero más vale que quede poco hecha y tener que meterla algún minuto más, a que se pase de tiempo y quede reseca.

ESTOFADO DE BACALAO

Ingredientes (para 4 personas): 1/2 kilo de bacalao desalado. 1/2 kilo de patatas. 1/4 kilo de cebollas. 3/4 kg de tomates. 1 vaso de vino de aceite. 8 dientes de ajo. Sal.

Tiempo de preparación: 30 minutos.

Calorías: 485.

■ Pelar las patatas, lavarlas, escurrirlas, cortarlas como para tortilla y sazonarlas. ■ Pelar la cebolla y cortarla en rodajas finas. ■ Calentar agua durante 5 minutos, hasta que esté en el punto de ebullición. ■ Dar un corte a los tomates por el lado contrario a la inserción del tallo e introducirlos en el agua hirviendo 5 minutos, fuera del microondas. ■ Pelarlos, quitarles las semillas y cortarlos en dados. ■ En una fuente refractaria, colocar una capa de patatas, otra de cebolla, encima el bacalao desmenuzado con las manos y, por último, el tomate sazonado y escurrido de su jugo. ■ Pelar y cortar los dientes de ajo en láminas y freírlos en aceite 2 minutos al 100%. ■ Verter el refrito de ajos sobre la fuente del bacalao y hacerla durante 7-8 minutos, mover y cocer 5-6 minutos más. ■ Servir el estofado espolvoreado con perejil picado.

Nota: Este estofado se debe hacer con la fuente destapada para que se evapore el exceso de líquido de vegetación del tomate.

FLAN DE BONITO

Ingredientes (para 4 personas): 200 gramos de bonito en aceite. 8 huevos. 1 vaso de vino de leche. 1 pimiento rojo asado (o un pimiento morrón de lata). 8 aceitunas negras. Mantequilla, pan rallado, sal y pimienta.
Tiempo de preparación: 30 minutos.
Calorías: 335.
■ Batir los huevos con la leche y sazonarlos con sal y nuez moscada. ■ Añadir el bonito escurrido del aceite y desmenuzado, el pimiento asado o morrón cortado en dados y las aceitunas picadas. ■ Untar con mantequilla un molde de corona, espolvorearlo con pan rallado y llenarlo con la preparación. ■ Introducir el molde en el horno, programarlo al 100% durante 5 minutos. ■ Dejarlo reposar otros 5 minutos y cocer 5 minutos más. ■ Dejarlo reposar en el molde, desmoldarlo en frío y llenar el centro y los bordes de fuera con lechuga cortada en juliana y tomate en gajos. ■ Servirlo acompañado de mayonesa.
Nota: Para asar un pimiento en el microondas hay que taparlo durante 15 minutos al 100% de potencia, dándole la vuelta a mitad del tiempo (*ver Preparados auxiliares*).

GAMBAS AL 'CURRY' CON ARROZ BLANCO

Ingredientes (para 4 personas): 1/2 kilo de gambas peladas. 1 cebolla. 1 manzana. 1 cucharada de *curry*. 1 vaso de vino con caldo de pescado. 4 cucharadas de aceite. Sal, pimienta y arroz blanco.
Tiempo de preparación: 20 minutos.
Calorías: 490.

■ Pelar la cebolla y la manzana, rallarlas o picarlas muy finas y colocarlas con el aceite en una olla de microondas, introducir ésta en el horno y hacerlas durante 5 minutos al 100% de potencia, moviéndolas a mitad de cocción. ■ Añadir la cucharada de *curry* y el vaso de caldo, mezclarlo bien y mantenerlo 2 minutos. ■ Sazonar las gambas con sal y pimienta, unirlas a la salsa de *curry* y cocer 2 minutos. ■ Servirlas con una corona de arroz blanco.

Nota: Si las gambas se compran frescas y con piel, hay que calcular justo el doble de peso. La ventaja es que se pueden cocer las cabezas 7-8 minutos con cebolla, puerro, perejil, sal y pimienta, y exprimirlas bien para conseguir un magnífico caldo, que se puede guardar congelado, teniendo la precaución de etiquetarlo bien.

LENGUADOS CON SALSA DE PUERROS

Ingredientes (para 4 personas): 4 lenguados de ración enteros y sin piel. 6 puerros. 1 patata. El zumo de un limón. 2 cucharadas de mantequilla. 1 vaso de vino con nata líquida. Sal, pimienta, tomillo y romero.

Tiempo de preparación: 30 minutos.

Calorías: 340.

■ Lavar los lenguados, sazonarlos con sal y pimienta, colocarlos en una fuente refractaria y rociarlos con unas gotas de zumo de limón. ■ Tapar la fuente con *film*, perforarlo e introducirla en el horno durante 3-4 minutos al 100% de potencia, dejándola reposar luego entre 3 y 4 minutos. ■ Limpiar los puerros y cortar en rodajas sólo la parte blanca; pelar la patata, lavarla y trocearla. ■ Poner la patata y los puerros en un cuenco, cubrirlos con agua, sazonar con sal y cocerlos 10 minutos. ■ Escurrir las hortalizas y triturarlas con la mantequilla y el jugo que haya soltado el pescado. ■ Añadir la nata y una pizca

de tomillo y romero. ■ Cubrir los lenguados con esta salsa y cocer 2-3 minutos, según el tamaño, y servirlos, si se quiere, acompañados de arroz blanco.
Nota: Esta receta se puede hacer también con filetes de fletán o de rodaballo de piscifactoría, que no es muy grande.

LUBINA AL JEREZ

Ingredientes (para 4 personas): 4 lubinas de ración. 8 cucharadas de aceite de oliva. 2 cebollas. 1 copa de jerez. Sal, pimienta y perejil picado. Patatas cocidas para acompañar.
Tiempo de preparación: 30 minutos.
Calorías: 400.
■ Limpiar las lubinas, lavarlas, secarlas y sazonarlas con sal y pimienta. ■ Pelar las cebollas y cortarlas en aros finos. ■ Poner la cebolla con aceite en una fuente grande, taparla y meterla en el horno 6 minutos a máxima potencia. ■ Colocar las lubinas sobre la cebolla, regar con el jerez y espolvorear con el perejil. ■ Tapar la fuente y volver a meterla 5 minutos. ■ Dejar reposar 3-4 minutos, comprobar que las lubinas están hechas; tirar de las cabezas para ver si se desprenden con facilidad y, en el caso de que les falte tiempo, dejarlas 2-3 minutos más.
Nota: Estas lubinas quedan muy bien con una salsa muy ligera; aunque si gusta más espesa, se puede espolvorear pan rallado. También se espesa la salsa pasando por la trituradora unas rodajas de cebolla, mezclándolas después con el resto de la salsa.

MEJILLONES A LA CREMA DE VINO BLANCO

Ingredientes (para 4 personas): 2 kilos de mejillones. 2 cucharadas de aceite. 2 dientes de ajo. 1 vaso de vino blanco seco. 4 cucharadas de nata líquida. Sal y pimienta.

Tiempo de preparación: 30 minutos.
Calorías: 420.
■ Frotar las conchas de los mejillones, tirar de las barbas, cortarlas y lavarlos. ■ Calentar en una olla el aceite durante 1 minuto, añadir los dientes de ajo picados y freírlos 2 minutos. ■ Sacar la olla, agregar los mejillones, regar con el vino, tapar con plástico de cocina agujereado o con la tapa del recipiente y cocer 6-8 minutos, hasta que se abran. ■ Colar el caldo, añadir la nata líquida, salpimentar y cocer la salsa 1 minuto. ■ Retirar una de las conchas de los mejillones y regarlos con la salsa caliente.
Nota: Es preferible emplear un vino semidulce a uno muy seco.

MERLUZA A LA GALLEGA

Ingredientes (para 4 personas): 4 rodajas de merluza de 200 gramos. 4 patatas. 1 cebolla. Un chorreón de aceite. Sal y unos granos de pimienta. **Ajada:** 6 cucharadas de aceite, 2 dientes de ajo, un chorreón de vinagre y 1 cucharada de pimentón dulce.
Tiempo de preparación: 25 minutos.
Calorías: 270.
Ajada: ■ Machacar un poco los dientes de ajo y freírlos en aceite durante 4 minutos al 100% de potencia. ■ Sacar el recipiente del microondas, dejarlo reposar 1 minuto y añadir el pimentón, la sal y un chorreón de vinagre. ■ Meterlo de nuevo en el horno 30 segundos. ■ Luego dejarlo reposar para que se pose el pimentón en el fondo. ■ Colar sólo el aceite rojo, dejando el poso de pimentón.
Merluza: ■ Limpiar la merluza, sazonarla con sal y pimienta y dejarla escurrir en la tabla, para que tome la sal. ■ Pelar y cortar las patatas en rodajas gordas y la cebolla en aros finos; co-

locarlas en un recipiente plano y cubrirlas con agua; añadir sal, granos de pimienta y un chorreón de aceite y meterlas en el horno 5 minutos al 100%. ■ Acto seguido, sacar el recipiente y colocar encima las rodajas de merluza ya sazonadas. ■ Meter de nuevo en el horno y cocer 4-5 minutos. ■ Dejar reposar la merluza 3 minutos, sacarla escurrida a una fuente y rodearla con las patatas y la cebolla. ■ Regarla con la ajada y servirla.

Nota: Si se quiere una ajada más ligera, añadir en el último momento una o dos cucharadas del caldo sobrante de cocer la merluza, que también se puede emplear para hacer sopa de pescado.

Merluza con almejas

Ingredientes (para 4 personas): 4 rodajas de merluza. 12 almejas. 2 cucharadas de aceite. 4 cucharadas de vino blanco. 1/2 cebolla. Sal y pimienta.

Tiempo de preparación: 20 minutos.

Calorías: 330.

■ Poner las almejas en agua con sal, para que suelten toda la arena; lavar las rodajas de merluza, secarlas, sazonarlas con sal y pimienta y reservarlas. ■ Pelar la cebolla, picarla muy fina y freírla en el aceite 5 minutos, en un recipiente amplio y plano. ■ Sacar la fuente y colocar sobre la cebolla las rodajas de merluza y las almejas. ■ Regarlas con el vino, tapar la fuente y meterla en el horno durante 5 minutos al 100%.

Nota: Actualmente las almejas llegan muy limpias al mercado; pero si son de vivero hay que purgarlas, dejándolas en agua de mar o agua con sal para que escupan la arena.

Merluza con pimientos choriceros

Ingredientes (para 4 personas): 4 rodajas de merluza de 200 gramos cada una. 1 cucharada de pasta de pimientos choriceros. 50 gramos de almendras tostadas. 2 dientes de ajo. 1 rebanada de pan. 2 cucharadas de aceite. 2 cucharadas de vinagre. Unas gotas de zumo de limón y sal.
Tiempo de preparación: 20 minutos.
Calorías: 320.
■ Tostar la rebanada de pan, triturarla con las almendras y los dientes de ajo pelados; incorporar la cucharada de pasta de pimientos choriceros. ■ Poner la mezcla en una fuente, añadir aceite y un poco de agua, agregar el vinagre, sazonar y comprobar el punto. ■ Lavar las rodajas de merluza, salpimentarlas y dejarlas escurrir unos minutos. ■ Colocarlas sobre la salsa de pimientos choriceros, regarlas con el zumo de limón, tapar el recipiente con su tapa o con *film* e introducirlo en el microondas. ■ Cocer 4-5 minutos al 100%, según el grosor de las rodajas. ■ Comprobar que la espina central se desprende con facilidad y que la carne está ligeramente rosada. ■ Dejarla reposar 3-4 minutos y servir.
Nota: Probar la salsa cuando se esté haciendo, porque es posible, según la calidad de los choriceros, que necesite una cucharilla de azúcar.

Merluza pili

Ingredientes (para 4 personas): 750 gramos de lomos de merluza. 1 cebolla. 4 cucharadas de nata líquida. 200 gramos de gulas. 8 cucharadas de aceite. 2 dientes de ajo. Sal y pimienta.
Tiempo de preparación: 20 minutos.
Calorías: 475.

■ Pelar la cebolla, picarla muy fina y freírla con 4 cucharadas de aceite durante 5 minutos. ■ Lavar los lomos de la merluza, sazonarlos con sal y pimienta, colocarlos entre la cebolla frita, regarlos con la nata y hacerlos durante 3 minutos al 100%. ■ En un recipiente aparte, freír los ajos laminados 2 minutos, incorporar las gulas, mezclar bien y servirlos sobre la merluza.
Nota: Las gulas son bastante frágiles, por lo que se deben incorporar al aceite muy caliente y darles una vuelta fuera del microondas para que no se deshagan.

MERO EN SALSA CREMA

Ingredientes (para 4 personas): 800 gramos de mero en filetes. 1 vaso de caldo de pescado concentrado. 1 vaso de vino oloroso. 1 vaso de vino con nata. 1 cebolla. 6 cucharadas de aceite. 150 gramos de champiñones limpios y cortados en láminas. 1 cucharadita de Maizena. Sal, pimienta y limón. Arroz blanco o ensalada para acompañar.
Tiempo de preparación: 30 minutos.
Calorías: 410.
■ Lavar los filetes de mero, sazonarlos y colocarlos en una fuente. ■ Rociarlos con unas gotas de zumo de limón y aceite, tapar la fuente con su tapa o *film* y meterla en el horno entre 2 y 4 minutos, según el tamaño. ■ Sacar los filetes de la fuente y reservar el jugo que soltaron. ■ Pelar y picar la cebolla y estofarla en aceite 10 minutos con la fuente tapada. ■ Disolver la Maizena en un poco de caldo y mezclar el resto. ■ Sacar la cebolla, añadir el oloroso, el caldo con la Maizena y el jugo del mero. ■ Cocerlo tapado 5 minutos. ■ Agregar la nata líquida, los champiñones cortados en láminas y cocerlo 5 minutos más. ■ Comprobar y rectificar el punto de sazón y verter la salsa sobre los filetes. ■ Meter la fuente en el horno 1 minuto al 100%, dejar reposar 3 minutos y servir.

Nota: Si se prefieren los filetes de mero gruesos, cortar cada filete en vertical; pero si se quieren finos, pedir al pescadero que los corte sesgados, como se hace con el salmón, pero, por supuesto, de un grosor semejante al de los filetes de lenguado.

MERO ENCEBOLLADO

Ingredientes (para 4 personas): 800 gramos de mero en filetes. 2 dientes de ajo. 2 cebollas medianas. 1 pimiento verde. 8 cucharadas de aceite. Unos aros de guindilla y sal.
Tiempo de preparación: 40 minutos.
Calorías: 360.
■ Lavar, escurrir y salpimentar el mero. ■ Poner en una fuente 3 cucharadas de aceite, calentar 1 minuto, añadir los dientes de ajo picados y dorarlos 1 minuto. ■ Colocar sobre los ajos los filetes de mero, tapar la fuente y dejarla 5 minutos al 100%. ■ Poner en otro recipiente con tapa el resto del aceite, las cebollas picadas, el pimiento cortado en tiras y unos aros de guindilla; sazonar, revolver bien, tapar la cazuela y estofarlo durante 10 minutos. ■ Sacarlo, moverlo, tapar nuevamente y mantener otros 5 minutos. ■ Verter la salsa sobre los filetes y dar a todo un hervor de 2 minutos. ■ Servir el mero con su cebolla-pimiento como guarnición.
Nota: El mero se vende en filetes grandes y más bien gruesos, que suelen pesar medio kilo aproximadamente, sin pieles y sin espinas. Se puede pedir al pescadero que corte cada filete sesgado, en cuyo caso habría que disminuir el tiempo o cortarlo en casa en vertical, de forma que salgan filetes gruesos, y seguir los tiempos que se indican en la receta.

‘MOUSSE’ DE SALMÓN

Ingredientes (para 8 personas): 1,200 kg. de salmón fresco, sin piel ni espinas. 6 colas de langostino. 2 yemas de huevo. 1 pizca de canela. 8 cucharadas de nata montada. Aceite y pan rallado para untar el molde. Salsa holandesa para acompañar.
Tiempo de preparación: 40 minutos.
Calorías: 375.
■ Triturar el salmón con los langostinos, salpimentarlo y añadir las yemas y la canela; comprobar el punto de sazón. ■ Montar las claras a punto de nieve. ■ Mezclar la nata con el salmón triturado e incorporar con cuidado de que no se bajen las claras montadas. ■ Engrasar un molde de corona o de *plum-cake* y taparlo con *film*. ■ Hacerlo durante 15 minutos al 75% de potencia. ■ Comprobar el punto con una aguja que debe salir limpia y, si le falta muy poco, dejarlo reposar 5 minutos; si está poco hecho, meterlo de nuevo, esta vez 4 minutos a la misma potencia. ■ Volverlo y servirlo con una salsa holandesa o, si se desea, con vinagreta templada (*ver Preparados auxiliares*).
Nota: Se emplean moldes de corona o de *plum-cake* para que, al tener menor grosor, las microondas se introduzcan con más facilidad.

PASTEL DE BACALAO FRESCO Y SALMÓN AHUMADO

Ingredientes (para 4 personas): 300 gramos de bacalao fresco en filetes limpios. 1 sobre de salmón ahumado en filetes. 3 claras de huevo. 8 cucharadas de nata líquida. Sal, pimienta, aceite y pan rallado para el molde. **Salsa rosa** (*ver Preparados auxiliares*) o **Salsa aurora** (*ver Preparados auxiliares*) para acompañar.
Tiempo de preparación: 45 minutos.

Calorías: 410.

■ Suprimir las espinas de los filetes de bacalao y triturarlos junto a las claras de huevo y la nata líquida. ■ Sazonar la mezcla con sal y pimienta y reservarla. ■ Engrasar un molde de *plum-cake* con aceite y pan rallado y extender en el fondo la mitad de la mezcla de pescado, claras y nata. ■ Colocar una capa de filetes de salmón ahumado y cubrirlas con el resto de la farsa de pescado. ■ Tapar con *film* y meter en el horno 15 minutos al 100%. ■ Dejar reposar unos minutos, volcar sobre la fuente de servir y acompañar de salsa aurora, si se sirve caliente, o de salsa rosa, si se sirve frío.

Nota: Para esta preparación no se debe emplear pescado congelado, porque suelta líquido y no cuaja bien el pastel.

PASTEL DE BONITO ASALMONADO

Ingredientes (para 4 personas): 1 lata de bonito asalmonado de 250 gramos. 3 huevos. 1/4 litro de salsa besamel. 1/4 litro de salsa de tomate. Aceite y pan rallado para untar el molde. **Salsa rosa** (*ver Preparados auxiliares*). 1 sobre de salmón ahumado para cubrir. Ensalada y alcaparras para acompañar.

Tiempo de preparación: 25 minutos.

Calorías: 510.

■ Escurrir el bonito del aceite de la lata, ponerlo en un bol y desmenuzarlo con un tenedor. ■ Mezclarlo con la besamel y la salsa de tomate. ■ Batir los huevos, como para tortilla, e incorporarlos, comprobar el punto de sazón y mezclar todo bien. ■ Engrasar un molde de corona con aceite y pan rallado, llenar con la preparación y taparlo con *film* agujereado. ■ Meter en el horno 15 minutos al 100% de potencia. ■ Dejar enfriar, desmoldar en una fuente y cubrir con las lonchas de salmón ahumado. ■ Colocar en el centro la salsa rosa, salpicar de alcaparras y rodear de ensalada cortada en juliana fina.

Nota: Es un pastel clásico y fácil de preparar, que gusta a todo el mundo y que, si se quiere simplificar, se puede cubrir con mayonesa y rodear de ensalada cortada en juliana, nada más.

PESCADILLA RELLENA

Ingredientes (para 4 personas): 1 pescadilla de unos 800 gramos. 100 gramos de jamón serrano en lonchas finas. 100 gramos de queso *gruyère* en lonchas finas. 4 cucharadas de aceite. 1 diente de ajo. 1 copa de vino blanco. Sal y pimienta.
Tiempo de preparación: 35 minutos.
Calorías: 450.
■ Pedir al pescadero que quite la espina a la pescadilla y la deje abierta como un libro. ■ Lavarla, escurrirla, secarla y sazonarla. ■ Picar o cortar en tiras el jamón y el queso, mezclarlos y rellenar la pescadilla, cerrar la abertura con palillos, salpimentarla por fuera y colocarla en una fuente engrasada con aceite. ■ Calentar el resto del aceite con el ajo picado 2 minutos al 75% de potencia, añadir el perejil picado y rociar la pescadilla. ■ Hacerla durante 5 minutos a potencia máxima. ■ Sacarla, rociarla con el vino blanco y repetir 5 minutos más. ■ Dejarla reposar unos minutos y servir.
Nota: Si se pican finos, con el queso y el jamón se puede hacer una pasta. Hay que colocarlos en lonchas superpuestas y alternarlos o cortarlos en tiras.

ROLLITOS DE LENGUADO Y SALMÓN

Ingredientes (para 4 personas): 8 filetes de lenguado. 4 lonchas de salmón ahumado. 2 cucharadas de mayonesa espesa. 1 cucharada de cebollino picado. Sal y pimienta.
Tiempo de preparación: 20 minutos.

Calorías: 330.

■ Cortar 4 rectángulos de plástico de cocina y colocar sobre cada uno un filete de lenguado, salpimentar y poner encima una loncha de salmón ahumado. ■ Cubrir con otro filete de lenguado, sazonarlo y envolverlos en forma de rollito cubierto por el plástico. ■ Colocar los rollitos en una fuente de manera simétrica, taparla e introducir en el microondas 5-6 minutos a potencia máxima. ■ Sacarlos, escurrir el jugo que han soltado y mezclar ese jugo con la mayonesa y el cebollino picado. ■ Desenvolver los rollitos y servirlos acompañados de la salsa espolvoreada con cebollino.

Nota: Se pueden emplear filetes de fletán u otro pescado, siempre que sean finos, para que resulte fácil enrollarlos y se hagan en el tiempo señalado.

Rollo de bonito

Ingredientes (para 4 personas): 1 kilo de bonito. 1 cebolla. 100 gramos de tocino fresco. 3 huevos. 2 cucharadas de pan rallado. 1 diente de ajo. Sal. **Salsa:** 4 cucharadas de aceite, 2 cucharadas de harina, 1 copa de vino blanco seco, 1 vaso de caldo.

Tiempo de preparación: 45 minutos.

Calorías: 725.

■ Cortar el bonito y el tocino en dados muy pequeños y sazonarlos con sal y pimienta. ■ Añadir la cebolla rallada, el ajo prensado, el pan rallado y los huevos batidos y mezclar bien la masa. ■ Formar cuatro rollos y colocarlos en una fuente refractaria.

Salsa: ■ Rehogar la harina en el aceite 1-2 minutos al 100%. ■ Añadir el vino y el caldo, moverlo y mantener 2 minutos más. ■ Verter la salsa sobre los rollos de bonito, tapar la fuente y cocerlos 5 minutos.

Nota: Si al formar los rollos se viera que están poco consistentes, se les puede agregar un poco más de pan rallado.

SALMÓN CON SALSA HOLANDESA

Ingredientes (para 4 personas): 4 rodajas de salmón fresco de 200 gramos cada una. 4 cucharadas de vino blanco seco. 4 cucharadas de aceite. 2 chalotas. Zumo de limón. Eneldo, pimienta blanca y sal. **Para acompañar:** Ensalada de patatas al eneldo (*ver Preparados auxiliares*).
Tiempo de preparación: 15 minutos.
Calorías: 500.
■ Lavar las rodajas de salmón, escurrirlas, sazonarlas y colocarlas en una fuente refractaria de forma simétrica, rociar las rodajas con gotas de zumo de limón, el aceite, el vino blanco y añadir la chalota picada muy menuda, y el eneldo. ■ Tapar la fuente con su tapa o *film* e introducir en el microondas durante 6-8 minutos al 100%, dependiendo del tamaño. ■ Acompañar de ensalada de patatas al eneldo.
Nota: En lugar de rodajas de salmón, que siempre son muy abiertas, se pueden emplear lomos gordos de salmón, de la parte abierta o de la cola.

SALMÓN EN PAPILLOTE

Ingredientes (para 4 personas): 4 rodajas de salmón de 100 gramos. 1 puerro. 1 cebolla. 1 zanahoria. 150 gramos de judías verdes. 4 cucharadas de aceite. Eneldo, sal y pimienta.
Tiempo de preparación: 45 minutos.
Calorías: 370.
■ Limpiar las rodajas de salmón, lavarlas, sazonarlas con sal y pimienta y dejarlas escurrir sobre la tabla. ■ Limpiar el puerro,

pelar la cebolla, raspar la zanahoria y quitar las hebras a las judías verdes; cortar todas las hortalizas en juliana. ■ Poner la cebolla, zanahoria, puerro y judías verdes en un recipiente, regarlos con el aceite, salpimentarlos y cocerlos 5 minutos al 100%. ■ Colocar cada rodaja de salmón sobre una hoja de papel vegetal, cubrirlas con las verduras y el eneldo, cerrar los paquetes y colocarlos de forma simétrica en el plato giratorio. ■ Graduarlo al 100% y hacerlo 3-5 minutos, según el grosor de las rodajas.

Nota: Este plato queda estupendamente con un centro de salmón de la parte abierta. Hay que quitar muy bien las espinas y colocar las verduras en la zona abierta. Necesita más tiempo de microondas: entre 8 y 10 minutos.

Sardinas al limón

Ingredientes (para 4 personas): 12 sardinas grandes. El zumo de 2 limones. Sal. 1/2 cucharadita de pimentón. 1 vaso de vino con aceite de oliva. **Patatas cocidas con piel:** 1/4 kilo de patatas nuevas, sal gorda.

Tiempo de preparación: 20 minutos.

Calorías: 420.

■ Escamar las sardinas, quitar las vísceras y la cabeza y sazonarlas con sal. ■ Colocarlas en una fuente, en forma de radios de bicicleta, con las colas hacia el interior. ■ Espolvorearlas con el pimentón, rociarlas con el aceite de oliva e introducirlas en el microondas 7 minutos al máximo de potencia. ■ Sacar la fuente, dar la vuelta a las sardinas y repetir 2-3 minutos más. ■ Servirlas con las patatas cocidas peladas.

Patatas cocidas con piel: ■ Lavar las patatas, pincharlas en varios sitios y colocarlas ordenadas en el plato giratorio. ■ Hacer 7 minutos, dándoles la vuelta a mitad del tiempo. ■ Rociarlas de sal gorda y, al momento de comer, pelarlas.

Nota: Las sardinas se pueden hacer sin la espina central; es decir, en filetes de los que ya se venden preparados.

TRUCHAS RELLENAS DE GAMBAS

Ingredientes (para 4 personas): 4 truchas. 1 vaso de vino blanco. 6 cucharadas de aceite. 1 diente de ajo. Zumo de limón. Sal y pimienta. **Relleno:** 200 gramos de gambas peladas y congeladas, 50 gramos de aceitunas, 1 cucharada de pan rallado, 2 cucharadas de aceite, sal, pimienta y perejil picado.
Tiempo de preparación: 30 minutos.
Calorías: 435.
■ Quitar la espina de las truchas manteniendo la cabeza, lavarlas, escurrirlas y sazonarlas con sal, pimienta y unas gotas de zumo de limón. ■ Descongelar las gambas durante 1 minuto al 25% de potencia, escurrirlas y picarlas; picar las aceitunas. ■ Mezclar las gambas picadas, las aceitunas, el pan rallado, el aceite, el perejil picado y sazonar con sal y pimienta. ■ Rellenar las truchas con este picadillo y cerrarlas con un palillo; colocarlas en una fuente refractaria de forma simétrica. ■ Freír el diente de ajo laminado 2 minutos al 100%, regar con él las truchas y meterlas en el horno 4 o 5 minutos, según el tamaño. ■ Darles la vuelta, regarlas con su propio jugo y el ajo, añadir el vino y mantenerlas 2 minutos más. ■ Servirlas con su jugo y con patatas cocidas al vapor.
Nota: Esta receta se puede hacer con filetes de pescado blanco, uno encima de otro, con el relleno dentro, en forma de sándwich.

Arroz con leche

Ingredientes (para 4 personas): 6 cucharadas de arroz. 1 litro y 1/4 de leche. 1 bote de leche condensada pequeño. Una pizca de sal. Un palo de canela. La piel de 1/2 limón. Canela en polvo.
Tiempo de preparación: 45 minutos.
Calorías: 410.
■ Poner el arroz en la olla rápida de microondas, cubrirlo ligeramente con agua, añadir la pizca de sal y cocerlo 5 minutos hasta que se abra. ■ Añadir la leche caliente, la canela y la piel de limón; tapar la olla dejando los orificios abiertos y ponerlo 10 minutos a potencia máxima. ■ Reducir al 50% y cocer 20 minutos, moviendo a mitad de cocción; añadir la leche condensada, mover y cocer 1 minuto al 100%. ■ Servir frío, espolvoreado con canela.
Nota: Este arroz con leche se puede enriquecer añadiendo 2 yemas cuando esté todavía caliente; mover y, cuando esté templado, incorporar las claras a punto de nieve.

'Biscuit' de chocolate

Ingredientes (para 4 personas): 200 gramos de chocolate *fondant*. 150 gramos de azúcar. 8 huevos. 1 copa de *brandy*. 150 gramos de mantequilla. Nata montada para acompañar. **Salsa de café:** 1 vaso de azúcar, 1 vaso de agua, 2 cucharadas de café soluble, 1 copa de *brandy*.

Tiempo de preparación: 10 minutos, más tiempo de congelador.
Calorías: 600.
■ Cortar el chocolate en trozos, ponerlo en un recipiente no muy grande y fundir en el microondas 2 minutos a potencia máxima. ■ Poner la mantequilla en un recipiente relativamente grande y hacerla 30 segundos al 50% de potencia para que se ablande. ■ Sacar la mantequilla, añadir el azúcar poco a poco y sin parar de batir. ■ Agregar las yemas una a una y después el *brandy*, batiendo siempre hasta conseguir una mezcla homogénea. ■ Incluir el chocolate fundido, que ya estará frío y casi líquido, y mezclarlo muy bien. ■ Una vez hecho esto, añadir las claras montadas a punto de nieve firme, moviendo con cuidado para que no se bajen. ■ Forrar un molde alargado con papel, procurando que éste no sobresalga por los bordes, verter en él la crema de chocolate y guardarlo en el congelador durante 8 horas. ■ Para desmontarlo, tirar de lo que sobresale del papel y, cuando se haya movido de su posición, volcarlo sobre la fuente. ■ Servirlo con nata y la salsa de café caliente.
Salsa de café: ■ Disolver el azúcar en el agua y cocerlo durante 4 minutos al 100%. ■ Sacarlo, disolver el café soluble en el *brandy* y añadirlo.
Nota: Es conveniente dejarlo fuera del congelador 1/4 de hora antes de servirlo, para que no esté tan helado. Se puede servir acompañado de barquillos o galletas.

Bizcocho con frutas

Ingredientes (para 6 personas): 100 gramos de azúcar. 100 gramos de mantequilla. 110 gramos de harina. 2 huevos. 75 gramos de fruta escarchada variada. 2 cucharadas de *brandy*. 1 cucharadita de levadura en polvo.

Tiempo de preparación: 30 minutos.
Calorías: 310.
■ Batir en la batidora eléctrica la mantequilla, el azúcar, las yemas y el *brandy*, agregar la harina mezclada con la levadura. ■ Fuera de la batidora incorporar las claras montadas a punto de nieve con movimientos envolventes para que no se bajen y, por último, añadir la fruta cortada en dados pequeños. ■ Engrasar un molde de *plum-cake*, llenarlo con la masa y hacerlo 4-6minutos. ■ Espolvorearlo con azúcar y canela.
Nota: Para hacer bizcochos en el microondas, hay que controlar cuidadosamente el tiempo y sacarlos en cuanto éste se cumpla, ya que terminan de hacerse en reposo. Si se pasan de cocción, tienden a endurecerse enseguida.

BIZCOCHO DE CAFÉ Y NUECES

Ingredientes (para 4 personas): 100 gramos de mantequilla. 115 gramos de harina. 100 gramos de azúcar. 2 huevos. 25 gramos de café soluble. 75 gramos de nueces. 1 cucharada de *brandy*. 1 cucharadita de levadura. Cacao en polvo. Mantequilla y harina para el molde. Azúcar glasé para cubrir y nata montada para acompañar.
Tiempo de preparación: 30 minutos.
Calorías: 625.
■ Batir la mantequilla con los huevos y el azúcar, añadir el café y el *brandy*, sin dejar de batir hasta conseguir una pasta homogénea. ■ Mezclar la harina con la levadura y picar las nueces con las manos; añadir a la masa anterior las nueces, incorporándolas con cuidado. ■ Verterlo en un molde de rosca, debidamente engrasado con mantequilla y espolvoreado con harina; cocer 4-6 minutos al 100% y servirlo espolvoreado con azúcar glasé y cacao. ■ Acompañarlo con nata montada en el centro del molde.

Nota: Las nueces se pueden sustituir por otro fruto seco graso, ligeramente tostado para que se pueda picar grueso con las manos.

Bizcocho de nata

Ingredientes (para 4 personas): 4 huevos. 1 vaso de nata líquida. 150 gramos de azúcar. 150 gramos de harina. 8 cucharadas de aceite. 1 sobre de levadura. **Para adornar:** nata montada, frambuesas y menta fresca.
Tiempo de preparación: 20 minutos.
Calorías: 640.
■ Batir los huevos con el azúcar hasta que estén espumosos, añadir la nata líquida y el aceite y batir unos minutos más. ■ Fuera de la batidora, agregar la harina tamizada con la levadura. ■ Poner el azúcar en un molde de corona y hacer 3-4 minutos al 100%. ■ Sacar el molde con cuidado de no quemarse y extender el caramelo por las paredes. ■ Verter el batido de huevos, azúcar, aceite y nata en el molde y hacerlo 7 minutos. ■ Dejarlo reposar 4-5 minutos, volcarlo y servirlo con el centro relleno de frambuesas y menta, acompañado de nata líquida o montada con azúcar, según el gusto.
Nota: Todos los bizcochos hechos en el microondas se deben tomar poco después de horneados, ya que tienden a endurecerse.

Bizcocho mármol

Ingredientes (para 6 personas): 4 cucharadas de azúcar. 4 cucharadas de mantequilla. 6 cucharadas de harina. 2 huevos. 4 cucharadas de leche. 2 cucharadas de *brandy*. 1 cucharadita de levadura en polvo. 1 cucharada de cacao en polvo.

Tiempo de preparación: 20 minutos.
Calorías: 240.
■ Ablandar la mantequilla durante 20 segundos al 50% de potencia. ■ Batir con las varillas eléctricas los huevos y el azúcar hasta que estén muy espumosos. ■ Añadir la mantequilla ablandada, la leche y el *brandy* con movimientos suaves para que no se bajen mucho los huevos. ■ Mezclar la harina con la levadura e incorporarlas con la mano a la mezcla anterior con movimiento envolvente para que no pierda volumen. ■ Dividir la mezcla en dos partes iguales y añadir el cacao a una de las partes, mezclándolo bien con cuidado de que no se baje. ■ Engrasar un molde de *plum-cake* de plástico o cristal de 22 cm de largo y verter en él las dos preparaciones a la vez, para que se mezclen los colores. ■ Introducir el molde en el microondas y cocerlo 5 minutos al 100%. ■ Dejarlo reposar 4 minutos y volcarlo en la fuente. ■ Servirlo espolvoreado de azúcar glasé.
Nota: El bizcocho de mármol queda sorprendentemente bien y, al contrario que otros bizcochos, se conserva tierno bastante tiempo.

BOCADITOS DE PIÑONES

Ingredientes (para 4 personas): 1 bote de leche condensada de 250 gramos. 100 gramos de piñones.
Tiempo de preparación: 45 minutos.
Calorías: 270.
■ Verter la leche condensada en un cuenco y cocer 5 minutos a máxima potencia. ■ Sacar el bol, mover la leche para que se haga por igual y repetir 6 minutos al 75%. ■ Mezclar la leche cocida con los piñones, reservando unos cuantos para adornar los pastelitos. ■ Guardar la preparación en la nevera hasta que esté completamente fría y sólida. ■ Coger porciones iguales de la pasta fría con una cuchara y formar bolitas con ayuda de

otra cuchara. ■ Hacerlas saltar dentro de un vaso pequeño para redondearlas. ■ Adornarlas con piñones y colocarlas en cápsulas.

Nota: Es un dulce delicioso para servir con el café, como los bombones, o para poner en una fuente de pastelillos variados.

BUDÍN DE MANZANAS

Ingredientes (para 4 personas): 2 manzanas golden grandes. 4 huevos. 4 cucharadas de azúcar. 2 cucharadas de pan rallado. El zumo y la ralladura de un limón.

Tiempo de preparación: 35 minutos.

Calorías: 200.

■ Pelar y rallar las manzanas y mezclarlas con el zumo y la ralladura del limón. ■ Batir las yemas con el azúcar, añadir el pan rallado, 2 cucharadas de agua y las manzanas ralladas con el limón. ■ Montar las claras a punto de nieve e incorporarlas al compuesto anterior, con un movimiento envolvente para evitar que se baje. ■ Engrasar un molde de rosca y forrar la base con papel de plata cortado en forma de anillo; engrasarlo. ■ Verter la crema de manzana y hacerlo 10 minutos al 50% de potencia. ■ Continuar la cocción a potencia máxima 7 minutos más, sacarlo, comprobar el punto y dejarlo reposar hasta que temple. ■ Desmoldarlo y cubrirlo con mermelada del albaricoque, aligerada con un chorreón de *brandy*.

Nota: La glasa de albaricoque se hace cociendo medio bote de mermelada de albaricoque con 1 cucharada de azúcar y un chorreón de *brandy* o zumo de limón, durante 1 minuto al 100%. Colarla para que, al quitarle la pulpa, quede transparente.

Budín de queso

Ingredientes (para 4 personas): 5 rebanadas de pan de molde. 1 bote de leche condensada. 1/2 bote de leche natural. 1 tarrina de queso tipo Philadelphia de 250 gramos. 250 gramos de requesón. 5 huevos. Mantequilla para untar el molde. Caramelo líquido (*ver Preparados auxiliares*) para acompañar.
Tiempo de preparación: 20 minutos.
Calorías: 500.
■ Mezclar la leche natural con la condensada. ■ Desmenuzar las rebanadas de pan y ponerlas dentro de la leche y calentar la mezcla 1 minuto al 100%. ■ Agregar la tarrina de queso y el requesón, mover para que se deshagan y, si es preciso, calentar de nuevo 1/2 minuto. ■ Batir los huevos y mezclarlos con la crema de queso y con el pan. ■ Untar un molde de corona con mantequilla, verter en él la masa y hacerlo 15 minutos. ■ Comprobar el punto, dejarlo reposar 4 minutos, volcarlo y servirlo, rociado con caramelo líquido.
Nota: También se puede hacer con magdalenas, suizos, bizcochos o cualquier bollería que haya quedado de la víspera.

Budín de suizos con manzana

Ingredientes (para 4 personas): 3 manzanas. 4 suizos de víspera. 3 huevos. 6 cucharadas de azúcar. 1 vaso de leche. Azúcar para caramelizar el molde.
Tiempo de preparación: 45 minutos.
Calorías: 455.
■ Caramelizar con el azúcar un molde durante 3 minutos al 100%. ■ Pelar, vaciar las manzanas y cortarlas en rodajas; cortar los suizos en lonchas. ■ Colocar en el molde capas de suizo y rodajas de manzana, alternándolos. ■ Batir los huevos con el

azúcar y añadir la leche; verterlo en el molde y cocer 8 minutos, hasta que al pinchar con una aguja, ésta salga limpia.
Nota: Se puede emplear cualquier tipo de bollo, como roscón de reyes o cruasan, bizcochos y hasta pan de molde sin cortezas, añadiendo algo de azúcar y mantequilla.

CANUTILLOS DE CHOCOLATE CON CREMA PASTELERA

Ingredientes (para 4 personas): 100 gramos de chocolate *fondant*. **Crema pastelera:** 1/2 litro de leche, 40 gramos de mantequilla, 4 yemas de huevo, 50 gramos de Maizena, 200 gramos de azúcar, 1 rama de canela.
Tiempo de preparación: 30 minutos.
Calorías: 550.
Canutillos: ■ Cortar rectángulos de plástico duro, de 10 × 6 cm de tamaño. ■ Partir el chocolate en trocitos, colocarlo en un recipiente pequeño y hacerlo 1 minuto. ■ Sacarlo, moverlo con cuchara de palo para conseguir una crema homogénea y pintar con él los rectángulos de plástico sin llegar al borde. ■ Enrollarlos y sujetarlos con cinta adhesiva; guardarlos en el congelador.
Crema pastelera: ■ Calentar la leche, a excepción de 6 cucharadas, 5 minutos al 100%. ■ Disolver la Maizena en las 6 cucharadas de leche y batirlas con las yemas y el azúcar. ■ Fundir la mantequilla 1 minuto, añadirla a las yemas y después a la leche hirviendo sin parar de mover. ■ Agregar la canela en rama y calentar la mezcla durante 5 minutos al 50%, parando para batir cada minuto. ■ Retirar la canela y dejarla enfriar para que se espese. ■ Sacar los canutillos del congelador, retirar el plástico y rellenarlos con la crema. ■ Servirlos espolvoreados con canela en polvo.
Nota: Los canutillos son muy fáciles de hacer. Se trata de dar varias capas para que resulten más consistentes y enrollarlos de forma que el plástico monte y se puedan pegar con celo.

Charlota de piña

Ingredientes (para 4 personas): 7 rodajas de piña. 1 paquete de bizcochos de soletilla. 1 bote pequeño de leche condensada. 50 gramos de mantequilla. 3 huevos. 1 limón. Sal.
Tiempo de preparación: 30 minutos.
Calorías: 620.
▪ Triturar 6 rodajas de piña con la leche condensada, las yemas, la mantequilla blanda y un chorreón de zumo de limón.
▪ Añadir 4 bizcochos desmenuzados, mezclar bien e incorporar las claras montadas a punto de nieve, con una pizca de sal.
▪ Forrar el fondo y las paredes de un molde con los demás bizcochos, verter la preparación y cocerlo tapado 10 minutos a potencia máxima.
Nota: También se pueden sustituir los bizcochos por brazos de gitano de pequeño diámetro, cortados en rodajas. Los venden de varias marcas. Hay que elegirlos de buena calidad y colocar las rodajas una junto a otra en las paredes y el fondo de un bol de cristal forrado con *film*, que sobresalga para tirar de él en el momento de desmoldar.

Compota de frutos secos

Ingredientes (para 4 personas): 350 gramos de frutos secos (ciruelas pasas, higos, orejones). 2 vasos de agua. 2 cucharadas de azúcar moreno. 1 pizca de canela. 1 pellizco de especias variadas. 1 cucharada de *brandy* y mantequilla.
Tiempo de preparación: 20 minutos, más el tiempo de reposo.
Calorías: 2.160.
▪ Pintar con mantequilla un recipiente, poner los frutos secos, tapar con papel trasparente y cocer 5 minutos al 100%. ▪ Mezclar el azúcar, el agua, el *brandy*, la canela y las especias

y verter sobre los frutos secos; tapar de nuevo y cocer 7 minutos. ■ Dejar reposar tapados durante 30 minutos, para que los frutos secos se hinchen. ■ Servir fría, espolvoreada con canela y adornada con menta.

Nota: A esta compota le va muy bien como acompañamiento una jarrita de nata líquida.

COMPOTA DORADA

Ingredientes (para 4 personas): 3 manzanas. 2 mangos. 100 gramos de mantequilla. 100 gramos de azúcar. 1/2 bote pequeño de leche condensada. 50 gramos de miga de pan. 3 huevos. 1/2 cucharadita de canela en polvo.

Tiempo de preparación: 45 minutos.

Calorías: 545.

■ Pelar las manzanas y los mangos y cortarlos en gajos, colocarlos en una fuente, espolvorearlos con azúcar y repartir por encima la mitad de la mantequilla en trocitos; cocerlo 5 minutos al 100%. ■ En un bol, mezclar la leche condensada con las yemas, el resto de la mantequilla fundida, la 1/2 cucharadita de canela en polvo y la miga de pan muy desmenuzada. ■ Montar las claras a punto de nieve y unirlas a la preparación anterior con movimientos envolventes, cubrir la compota y cocerla 8 minutos. ■ Espolvorearla de azúcar y gratinar.

Nota: Éste es un postre para improvisar en poco tiempo, si se suprime el mango, que es lo único que no se suele tener en casa.

COPA DE MANDARINAS

Ingredientes (para 4 personas): 3 yemas de huevo. 5 cucharadas de azúcar. El zumo de 3 mandarinas. 150 gramos de mantequilla. Gajos de mandarina y hojas de menta para adornar.

Tiempo de preparación: 15 minutos.
Calorías: 450.
■ Introducir la mantequilla en el microondas durante 2 minutos al 50% de potencia, para que se ablande. ■ Trabajar la mantequilla, a modo de pomada, en un cuenco, y añadir las yemas, el azúcar y el zumo de mandarina. ■ Batirlo bien para mezclarlo y ponerlo 1 minuto; sacarlo, batirlo y dejar 1 minuto más. ■ Repetir la operación hasta mantenerlo un máximo de 6 minutos, interrumpidos cada minuto para batir. ■ Repartir la crema en copas y adornarlas con gajos de mandarina y menta fresca.
Nota: Si se quiere conseguir una crema más del tipo *mousse*, añadir las claras montadas a punto de nieve muy firme, con 1 cucharada de azúcar por clara.

CREMA CATALANA

Ingredientes (para 4 personas): 1 litro de leche. 6 yemas de huevo. 150 gramos de azúcar. 1 cucharada de Maizena. La piel de 1/2 limón. Canela en rama. Azúcar para espolvorear y quemar la superficie.
Tiempo de preparación: 30 minutos.
Calorías: 490.
■ Disolver la Maizena con un poco de leche en un bol y, en recipiente aparte, calentar el resto de la leche con la piel del limón y la canela en rama durante 4 minutos al 100%. Batir las yemas de huevo con el azúcar hasta que estén espumosas, añadir la leche con la Maizena y, poco a poco, la leche con el limón y la canela muy caliente, sin parar de mover. ■ Meter en el horno 4 minutos a media potencia, batiendo enérgicamente de vez en cuando con una cuchara de madera. ■ Dejar enfriar, espolvorear con azúcar y quemar.
Nota: Si la crema catalana se deja enfriar, se le forma una ligera costra en la superficie que facilita que se mantenga el azúcar

y se queme mejor. Para quemarla, existen planchas sencillas y baratas que se calientan al rojo vivo en el fuego. Y otras más perfeccionadas, eléctricas, que son mucho más caras.

CREMA DE CHOCOLATE Y CAFÉ

Ingredientes (para 4 personas): 4 huevos. 150 gramos de chocolate *fondant*. 100 gramos de azúcar. 1/2 litro de leche. 150 gramos de nata montada. 15 gramos de gelatina en polvo. 2 cucharadas soperas de café fuerte. 1 cucharadita moka de Maizena. 2 cucharadas soperas de licor de naranja. Granos de café de caramelo.
Tiempo de preparación: 30 minutos.
Calorías: 680.
■ Calentar la leche en el horno 1 1/2 minuto al 100%; añadir el chocolate troceado y el licor de naranja y hacerlo 2 minutos a mitad de potencia; batir bien la mezcla y continuar la cocción 2 minutos. ■ Batir las yemas con la mitad del azúcar, añadir la Maizena, unirlas a la mezcla anterior y cocer 3 minutos al 50%, hasta que espese. ■ Preparar el café en la cafetera especial para microondas, disolver la gelatina en el café caliente, unir a la preparación anterior y dejar enfriar, moviendo de vez en cuando. ■ Incorporar la nata montada y las claras montadas a punto de nieve y guardar en la nevera. ■ Servir con granos de café de caramelo.
Nota: Es muy cómodo montar esta crema en copas y tenerla preparada unas horas antes de servirla.

CREMA DE FRESONES

Ingredientes (para 4 personas): 1/2 kilo de fresones. 6 cucharadas de azúcar. 4 cucharadas soperas de requesón.

Tiempo de preparación: 15 minutos.
Calorías: 130.
■ Lavar los fresones, escurrirlos, quitar los pedúnculos y cortarlos por la mitad, reservando 4 enteros para decorar. ■ Cocer los fresones con el azúcar en una cacerola tapada 4 minutos al 100%, hasta que estén blandos. ■ Triturarlos en el vaso de la batidora, añadir el requesón y batir de nuevo para mezclarlo bien. ■ Guardar la crema en la nevera y servirla en copas, adornando cada una con un fresón cortado en abanico y unas hojitas de menta.
Nota: Esta crema se puede hacer con albaricoques, frambuesas o cualquier fruta de temporada. Si la fruta es menos ácida, como los melocotones, por ejemplo, añadir menos azúcar.

CREPES DE LIMÓN

Ingredientes (para 4 personas): 1 paquete de crepes. 1 vaso de azúcar. 1 vaso de agua. El zumo y la ralladura de 2 limones. 1 cucharada de Maizena. 3 huevos.
Tiempo de preparación: 20 minutos, más el tiempo de enfriar la crema.
Calorías: 230.
■ Batir en un molde los huevos con el azúcar, la Maizena y la ralladura; añadir el agua y el zumo de limón. ■ Hacer 3 minutos al 70%, sacarlo, batir y cocer otros 3 minutos. ■ Batir la crema y dejarla enfriar. ■ Rellenar las crepes con la crema y servirlas con grosellas y menta.
Nota: Las crepes son muy fáciles de hacer en el aparato especial o en una sartén antiadherente: Mezclar en una batidora 100 gramos de harina con 1 vaso de leche, 2 huevos, sal y 3 cucharaditas de aceite. Colar, dejar reposar y poner dos cucharadas en el centro de una sartén engrasada y caliente, acercar al fuego hasta que empiecen a despegarse los bordes y darle la

vuelta. En el microondas se pone el líquido en el plato especial, se moja la zona antiadherente, se coloca boca arriba y en cuanto se empiecen a despegar los bordes, se vuelca sobre un plato para que se desprenda la crepe; se hace sólo por un lado.

CUAJADO DE PIÑA

Ingredientes (para 4 personas): 1/2 litro de leche. Piel de limón. Piel de naranja. 4 huevos. 150 gramos de azúcar. 8 rodajas de piña en almíbar.
Tiempo de preparación: 20 minutos.
Calorías: 385.
■ Calentar la leche con la piel de limón y la piel de naranja, lavadas, durante 4 minutos a potencia máxima. ■ Batir los huevos con el azúcar hasta que estén espumosos, añadir poco a poco la leche caliente, sin dejar de mover, y verter en 4 cazuelitas individuales. ■ Agregar a cada una una rodaja de piña picada y colocar encima otra rodaja entera, taparlas con *film* y cuajarlas 2-3 minutos al 50%. ■ Sacar las cazuelitas, conectar el *grill* 5 minutos, hasta que se caliente al máximo, espolvorear de azúcar la rodaja de piña y gratinarla.
Nota: Si la mezcla de huevos-leche se hace en la batidora eléctrica, se puede triturar al mismo tiempo la rodaja de piña en lugar de ponerla en trocitos, según el gusto de cada uno.

CUAJADO MALLORQUÍN

Ingredientes (para 8 personas): 3 ensaimadas. 3 huevos. 3/4 kilo de fruta (manzanas, peras, ciruelas). 1 bote pequeño de leche condensada. 2 cucharadas de mantequilla. 1/2 copa de Kirsch. 2 cucharadas de azúcar. 1 palo de canela.

Tiempo de preparación: 45 minutos.
Calorías: 305.
■ Pelar las frutas, cortarlas en dados y cocerlas, con un vaso de agua, el azúcar y el Kirsch, 5 minutos o hasta que estén tiernas (varía mucho el tiempo de acuerdo con la calidad de la fruta y su estado de maduración). ■ Escurrirlas completamente del líquido de cocción y reservarlas. ■ Disolver la leche condensada en el líquido de la fruta, añadir la canela y cocer 4 minutos al 100%. ■ Cortar las ensaimadas en lonchas y colocarlas en una fuente refractaria engrasada con mantequilla. ■ Retirar la canela de la leche y verter caliente sobre las ensaimadas; dejarlas reposar 5 minutos. ■ Batir los huevos, como para tortilla, mezclarlos con las frutas cocidas y escurridas y repartirlo entre las ensaimadas empapadas en leche-almíbar de frutas. ■ Meter la fuente en el horno y cocerlo 14 minutos. ■ Dejarlo reposar unos minutos y servirlo frío espolvoreado de canela, o caliente, acompañado de una jarrita con nata líquida.
Nota: Es una buena manera de aprovechar ensaimadas o bollos que hayan quedado de la víspera. Si se emplean otros bollos que no sean ensaimadas, añadir un trozo de mantequilla al almíbar en el que se disuelve la leche condensada.

FLAN

Ingredientes (para 4 personas): 4 huevos. 1 limón. 1 bote pequeño de leche condensada. azúcar para caramelizar el molde.
Tiempo de preparación: 30 minutos.
Calorías: 330.
■ Poner en un recipiente hondo la leche condensada, 1/2 litro de agua y una corteza de limón, mezclarlo bien y cocerlo 3 minutos al 100%. ■ Batir los huevos, añadir la leche caliente, sin parar de remover, y pasarlo por un colador. ■ Caramelizar con el azúcar una flanera para microondas durante 3 minutos

y verter en ella la mezcla de huevos y leche, taparlo y cocerlo 14 minutos al 50%. ■ Dejarlo enfriar antes de desmoldarlo.
Nota: Los flanes auténticos se hacen sólo con las yemas para que no salgan ojos, pero se pueden poner las claras si se tiene cuidado de no batirlas mucho; sólo deshacerlas con las yemas.

Flan de ciruelas

Ingredientes (para 4 personas): 100 gramos de ciruelas pasas sin hueso. 5 huevos. 1 vaso de agua con leche. 150 gramos de azúcar. 1 palo de canela en rama. 8 cucharadas de ron.
Tiempo de preparación: 45 minutos.
Calorías: 380.
■ Poner a remojo las ciruelas en agua templada, aromatizada con el ron, durante 1 hora. ■ Pasado este tiempo, cocerlas con el líquido 5 minutos. ■ Triturar las ciruelas en la batidora y reservarlas; calentar la leche con el azúcar y la canela 3 minutos a máxima potencia. ■ Mezclar los huevos batidos y las ciruelas con la leche; verter en un molde de corona caramelizado, cocer 6-7 minutos, reposar 1 minuto y repetir 4 minutos más.
Nota: Para caramelizar el molde, poner 4 cucharadas de azúcar con 2 de agua e introducir 3-4 minutos en el microondas al 100%. Bañar las paredes.

Flan de coco y almendras

Ingredientes (para 4 personas): 3 huevos. 1 bote pequeño de leche condensada. 75 gramos de almendras molidas. 75 gramos de coco rallado. 5 cucharadas de azúcar para caramelizar el molde. Caramelo líquido, nata y frutas, si se desea para acompañar.
Tiempo de preparación: 20 minutos.

Calorías: 500.

■ Poner el azúcar en un molde de rosca, humedecerla y meterlo en el microondas 4-5 minutos a potencia máxima para que se caramelice, sacarlo con cuidado de no quemarse y bañar las paredes. ■ Batir los huevos sin que hagan ojos y mezclarlos con la leche condensada. ■ Añadir las almendras molidas y el coco rallado, mezclar todo y verterlo en el molde. ■ Activar el horno 8 minutos al 75%, comprobar el punto de cuajado pinchándolo con una aguja y mantenerlo 1-2 minutos al 50%, teniendo en cuenta que en el tiempo de reposo sigue cuajando. ■ Desmoldarlo cuando esté frío y servirlo con más caramelo líquido y con nata y frutas.

Nota: Los flanes se deben hacer a potencia muy baja y lo suyo es que se empleen sólo las yemas, para que no salgan ojos; pero como éste lleva almendra y coco, admite las claras.

FLAN DE MANZANA Y COCO

Ingredientes (para 4 personas): 3 manzanas. 50 gramos de coco rallado. 1 bote pequeño de leche condensada. 5 huevos. 1 limón. 4 cucharadas de azúcar para caramelizar el molde.

Tiempo de preparación: 40 minutos.

Calorías: 450.

■ Pelar las manzanas, cortarlas en trozos y colocarlas en un recipiente con el zumo de medio limón; cocerlas a potencia máxima durante 10 minutos, escurrirlas y aplastarlas con un tenedor. ■ Batir los huevos y mezclarlos con el puré de manzana, la leche condensada y el coco rallado. ■ Verterlo en una flanera caramelizada, tapar y cocer, a potencia media, durante 12 minutos. ■ Dejarlo reposar unos minutos antes de desmoldarlo.

Nota: Para caramelizar el molde hacen falta 4 cucharadas de azúcar y 2 de agua. Introducir en el microondas al 100% durante 3-4 minutos y extenderlo por las paredes del recipiente.

Flan de orejones

Ingredientes (para 4 personas): 100 gramos de orejones. 1 vaso de leche. 1 palo de canela. 6 cucharadas de azúcar. 5 huevos. Natillas y caramelo líquido para acompañar.
Tiempo de preparación: 25 minutos, más el tiempo de remojo.
Calorías: 400.
■ Cubrir de agua los orejones durante 12 horas, ponerlos en un recipiente y cocerlos 10 minutos al 100%; escurrirlos. ■ Cocer la leche con la canela y el azúcar durante 2 minutos, colarla y triturar los orejones con la leche. ■ Batir los huevos, unirlos a la leche y verter en el molde caramelizado. ■ Hacer 5 minutos al 50%, parar 3 minutos y cocer 5 más al 75%. ■ Dejarlo reposar 3 minutos y continuar la cocción 4-5 minutos a la misma potencia. ■ Comprobar el punto y dejar que se enfríe. ■ Desmoldar y acompañar con natillas y caramelo líquido.
Nota: Los huevos se deben batir lo menos posible para que no hagan demasiados ojos.

Frutas a la menta

Ingredientes (para 4 personas): 1/4 kilo de melón. 1/4 kilo de sandías. 1/4 kilo de cerezas. 1 racimo pequeño de uvas gordas. 1 mango. 1 kiwi. 1 cucharada de pimientas variadas. **Almíbar:** 1 vaso de azúcar, 1 vaso de zumo de naranja, la piel de una naranja en juliana, 2 clavos de olor, 2 vainas de vainilla, 10 hojas de menta.
Tiempo de preparación: 30 minutos, más tiempo de infusión.
Calorías: 250.
Almíbar: ■ Disolver en una olla para microondas el azúcar en un vaso de agua, añadir las vainas de vainilla abiertas por la mitad y los clavos y cocer destapado 7 minutos al 100%.

■ Incorporar las hojas de menta, lavadas y secas, tapar y dejarlas en infusión 30 minutos. ■ Colar el líquido, añadir el zumo y la piel de naranja y guardar en la nevera. ■ Pelar las uvas y el kiwi, retirar el hueso y el rabo de las cerezas, formar bolas de sandía, melón, mango y kiwi. ■ Mezclar las frutas con el almíbar frío y agregar las pimientas.
Nota: Se trata de una riquísima infusión de frutas que se puede servir como sopa de frutas fría, con un helado de menta en el centro del plato o acompañada de bizcocho capuchino.

Galletas de chocolate

Ingredientes (para 4 personas): 150 gramos de chocolate *fondant*. 100 gramos de mantequilla. 50 gramos de azúcar glasé. 100 gramos de *corn flakes*.
Tiempo de preparación: 20 minutos, más el tiempo de nevera.
Calorías: 520.
■ Trocear el chocolate y fundirlo en el microondas con la mantequilla cortada en dados hasta conseguir una mezcla homogénea. ■ Añadir el azúcar glasé y batir hasta que esté completamente incorporada; agregar los *corn flakes* y mezclar con suavidad. ■ Forrar una bandeja y poner encima cucharadas de pasta dentro de un aro; ir quitando el aro y guardarlas en la nevera para que se endurezcan.
Nota: Si con la masa de estas galletas se hacen montoncitos muy pequeños, dejando caer cucharaditas de pasta en la placa, salen unos deliciosos bombones para acompañar al café.

Higos al vino

Ingredientes (para 4 personas): 12 higos secos de buena calidad. 8 cucharadas de azúcar. 1 vaso de vino blanco semidulce.

2 clavos. 4 granos de pimienta. 1 palo de canela. Nata líquida para acompañar.
Tiempo de preparación: 15 minutos.
Calorías: 540.
■ Disolver en un recipiente el azúcar con el vaso de vino semidulce, añadir los clavos, la pimienta y el palo de canela. ■ Colocar encima los higos secos, tapar el recipiente con plástico de cocina agujereado. ■ Introducir el recipiente en el microondas y cocerlo durante 6 minutos al 100%. ■ Dejarlo reposar en su jugo y servirlos templados, acompañados de nata líquida.
Nota: La misma preparación se puede hacer con orejones de albaricoque.

MANZANAS ASADAS CON NATILLAS

Ingredientes (para 4 personas): 4 manzanas. 4 cucharadas de vino blanco. 4 cucharadas de azúcar. 4 cucharadas de mermelada de fresa. **Natillas:** 1 cucharadita de Maizena, 2 yemas de huevo, 1/4 litro de leche, 1 cucharada de mantequilla, 3 cucharadas de azúcar.
Tiempo de preparación: 30 minutos.
Calorías: 350.
■ Lavar y quitar el corazón a las manzanas sin llegar al fondo. ■ Pinchar la piel para que no estallen o darles un corte circular alrededor del orificio superior. ■ Rellenar el hueco central de las manzanas con el vino y el azúcar. ■ Colocar las manzanas de forma simétrica en un plato, sin que se toquen, y hacerlas de 5 a 7 minutos a potencia máxima, con el *grill* encendido si queremos que se doren. ■ Acompañarlas con natillas.
Natillas: ■ Batir las yemas con la Maizena, el azúcar y un poco de leche. ■ Añadir la mantequilla y el resto de la leche; mover y cocer 2 minutos al 50%. ■ Batir las natillas y repetir 1 minuto

a la misma potencia. ■ Sacarlas, batirlas y dejarlas enfriar moviéndolas de cuando en cuando para que no formen nata.
Nota: Todas las recetas que lleven huevo se deben hacer a una potencia media, para que no hierva el líquido y se corten los huevos.

Manzanas rellenas de frutos secos

Ingredientes (para 4 personas): 4 manzanas starkin. 150 gramos de frutos secos mezclados (orejones, higos, pasas, almendras, avellanas, etcétera). 4 cucharadas de azúcar. 2 cucharadas de mantequilla. 1 copa de vino blanco dulce.
Tiempo de preparación: 15 minutos.
Calorías: 400.
■ Picar todos los frutos secos y mezclarlos con 3 cucharadas de azúcar y con la mantequilla para que liguen. ■ Lavar las manzanas, sacarles el corazón y llenar el hueco con los frutos secos picados. ■ Hacer un corte circular alrededor del orificio superior de las manzanas, colocarlas en una fuente refractaria, espolvorearlas con el azúcar y regarlas con el vino. ■ Meterlas en el horno 8 minutos al 100%. ■ Si se quiere que se doren, encender el *grill* 4 minutos y volver a introducir las manzanas entre 3 y 4, hasta que se doren.
Nota: El corte circular se les da para que, en lugar de reventarse por donde quieran, se les salga algo la pulpa por el corte y sirva de adorno.

Melocotones rellenos

Ingredientes (para 4 personas): 8 medios melocotones frescos o de lata. 3 claras de huevo. 3 cucharadas de azúcar. 100 gramos de avellanas picadas. 8 avellanas enteras. Mantequilla para engrasar la fuente.

Tiempo de preparación: 30 minutos.
Calorías: 375.

■ Escurrir bien los melocotones si son de lata y escaldarlos y pelarlos si son frescos. ■ Cortarlos por la mitad y extraer el hueso, si son enteros de lata o frescos. ■ Colocarlos con el agujero hacia arriba en una fuente refractaria engrasada con mantequilla. ■ Montar las claras a punto de nieve, añadiendo el azúcar poco a poco. ■ Fuera de la batidora, incorporar a mano las avellanas picadas y mezclar con una espátula con cuidado para que no se bajen. ■ Rellenar las mitades de melocotón con el merengue de avellana con ayuda de la manga. ■ Adornar con una avellana entera y cocer con la función *grill* combinada con microondas a 350 watios o algo menos de la mitad de potencia durante 7-8 minutos.

Nota: Para escaldar los melocotones y pelarlos, poner un bol con agua en el microondas, programarlo 10 minutos al 100% de potencia, sacarlo, introducir los melocotones y dejarlos dentro del agua hirviendo 5 minutos. Pelarlos.

'MOUSSE' DE CHOCOLATE

Ingredientes (para 6 personas): 150 gramos de chocolate sin leche. 250 gramos de nata montada. 2 claras de huevo. 2 cucharadas de azúcar. 1 copita de ron.
Tiempo de preparación: 30 minutos.
Calorías: 495.

■ Fundir en el microondas el chocolate con el ron durante 1 1/2 minuto a potencia máxima y dejar enfriar. ■ Mezclar el chocolate con la nata montada y montar las claras a punto de nieve con el azúcar. ■ Unir las claras al chocolate con movimientos envolventes y guardar en la nevera durante unas horas.

Nota: Esta *mousse* es muy ligera y fácil de hacer. Se puede aromatizar con una cucharada de café soluble disuelta en una cucharada de agua, que se añade al chocolate fundido con el ron.

'MOUSSE' DE MIEL

Ingredientes (para 4 personas): 200 gramos de miel. 200 gramos de yemas de huevo. 500 gramos de nata montada sin azúcar. 3 hojas de gelatina. **Bizcocho:** 1 huevo, 1 cucharada de azúcar, 1 cucharada de harina. Mantequilla y harina para el molde.
Tiempo de preparación: 30 minutos, más el tiempo de nevera.
Calorías: 550.
■ Batir el huevo con el azúcar durante 10 minutos; fuera de la batidora añadir la harina, mezclar con cuidado y verterlo en un molde de porcelana de unos 20 cm de diámetro, engrasado y enharinado. ■ Cocerlo 30 segundos al 100%. ■ Calentar la miel y deshacer en ella la gelatina, previamente remojada y escurrida, montar las yemas hasta que doblen su volumen e incorporar la miel con la gelatina. ■ Montar la nata y mezclarla con la crema de miel con movimientos envolventes para que no se baje y verter en el molde sobre el bizcocho. ■ Guardar en la nevera hasta que cuaje y servir con miel.
Nota: Este postre es muy cómodo porque se sirve en el mismo recipiente, sin tener que desmoldar ni adornar.

PASTEL DE CHOCOLATE

Ingredientes (para 6 personas): 200 gramos de chocolate *fondant*. 100 gramos de azúcar. 1 vaso de agua de nata líquida. 100 gramos de nueces peladas. 3 huevos.
Tiempo de preparación: 30 minutos.
Calorías: 500.

■ Fundir la mitad del chocolate con la nata durante 2 minutos al 50%; batir las yemas con la mitad del azúcar hasta que estén espumosas; añadir el chocolate y las nueces molidas. ■ Engrasar con mantequilla un molde de *soufflé*, montar las claras con el resto del azúcar hasta que estén muy firmes e incorporarlas a la mezcla de chocolate; llenar el molde. ■ Hacer 6 minutos al 100%, dejarlo entibiar y desmoldarlo sobre una rejilla. ■ Fundir el resto del chocolate 2 minutos y cubrir el pastel. ■ Servirlo con nueces.

Nota: Si este pastel se tiene en el microondas solamente 4 minutos y se deja reposar 2 minutos antes de volcarlo, se sirve caliente y se queda semilíquido por dentro. Resulta muy agradable con la salsa de chocolate y la nata líquida.

PASTEL DE CHOCOLATE Y NARANJA

Ingredientes (para 4 personas): 1 naranja. 2 huevos. 30 gramos de azúcar. 30 gramos de Maizena. 30 gramos de mantequilla. 1/2 sobre de levadura. 150 gramos de chocolate *fondant*.

Tiempo de preparación: 30 minutos.

Calorías: 250.

■ Lavar la naranja, rallar la piel y exprimirla; disolver la levadura en el zumo. ■ Batir con las varillas eléctricas los huevos con el azúcar, añadir la Maizena, la levadura con el zumo y la ralladura de naranja. ■ Trocear el chocolate, ponerlo en un recipiente con la mantequilla y una cucharada de agua, taparlo con *film* adherente y agujereado y fundirlo durante 1-2 minutos al 50% de potencia. ■ Mezclar el chocolate fundido con la masa hasta que estén completamente unidos, verter en un molde de plástico y cocer sin tapar en el microondas a máxima potencia durante 5 minutos. ■ Servir con natillas ligeras.

Nota: Si se sirve templado, también se puede acompañar de nata líquida.

Pastel de galletas y chocolate

Ingredientes (para 4 personas): 100 gramos de chocolate *fondant*. 100 gramos de mantequilla. 1 cucharada de almíbar. 2 cucharadas de nata líquida. 125 gramos de galletas. 50 gramos de pasas. 50 gramos de almendras tostadas peladas.
Tiempo de preparación: 15 minutos, más el tiempo de nevera.
Calorías: 560.
■ Fundir en el microondas el chocolate con la mantequilla, el almíbar y la nata durante 5 minutos a media potencia. ■ Triturar las galletas muy finas y mezclarlas con la crema de chocolate, añadir las pasas y las almendras. ■ Verter la preparación en un molde engrasado con mantequilla, guardar en la nevera 8 horas, volcar y servir con miel y grosellas.
Nota: Se puede servir con helado, con otras frutas o con nata líquida.

Pastel de queso y pasas

Ingredientes (para 4 personas): 4 huevos. 2 yogures naturales. 6 cucharadas de azúcar. 1 tarrina de queso tipo crema. 50 gramos de pasas de Corinto. El zumo de 1/2 limón.
Tiempo de preparación: 30 minutos.
Calorías: 210.
■ Batir los huevos con el azúcar, deshacer el queso y batirlo con los yogures hasta que resulte una mezcla homogénea, sin grumos, y unirlo con los huevos batidos. ■ Poner en un molde de flan 2 cucharadas de azúcar y el zumo del limón y hacerlo al 100% hasta que se haga caramelo, bañar las paredes y llenarlo con la mezcla. ■ Dejarlo en el horno 5 minutos para que empiece a cuajarse y añadir las pasas para que vayan bajando. ■ Cocerlo 5 minutos más al máximo de potencia.

Nota: Las pasas de Corinto se pueden remojar en unas cucharadas de *brandy* para que se inflen y floten con más facilidad en el flan.

Peras al vino tinto

Ingredientes (para 4 personas): 4 peras blanquilla. 1/2 litro de vino tinto. 1 palo de canela. 300 gramos de azúcar. La piel de 1 limón. Nata líquida para acompañar.
Tiempo de preparación: 40 minutos.
Calorías: 470.
▪ Deshacer el azúcar en el vino y hacerlo 8 minutos a potencia máxima, con la piel del limón y el palo de canela. ▪ Lavar las peras, pelarlas, cortarlas en cuartos y añadirlas al almíbar del vino y dejarlas 8 minutos más. ▪ Sacar las peras y volver a introducir el almíbar 3 minutos. ▪ Servirlas con su almíbar y nata.
Nota: Para estas peras hay que elegir un vino de capa intensa; es decir, que tiña mucho, como los que son de uva Tinta de Toro o Tinta del País.

Peras primavera

Ingredientes (para 4 personas): 4 peras grandes. 50 gramos de azúcar. 4 Pettit Suisses naturales. 1/4 litro de almíbar. 100 gramos de nueces. 8 cucharadas de nata líquida. 4 cucharadas de confitura de frambuesa.
Tiempo de preparación: 30 minutos.
Calorías: 485.
▪ Pelar las peras, cortarlas por la mitad, quitarles el corazón con cuidado de que no se rompan y colocarlas en una fuente de cristal o plástico. ▪ Cubrir las peras con el almíbar y cocer-

las 3-4 minutos al 100%, darles la vuelta y continuar la cocción 3-4 minutos. ■ Mezclar los Pettit Suisses con la nata, las nueces trituradas, el azúcar y la confitura. ■ Poner las peras con el hueco hacia arriba y rellenarlo con la mezcla.
Nota: Si se quiere hacer esta receta muy rápidamente, comprar un bote de peras en almíbar, de las que vienen cortadas en dos mitades.

PLÁTANOS AL CARAMELO

Ingredientes (para 4 personas): 4 plátanos. 4 cucharadas de mantequilla. 8 cucharadas de ron. 4 cucharadas de azúcar. Caramelo líquido.
Tiempo de preparación: 20 minutos.
Calorías: 335.
■ Pelar los plátanos, cortarlos por la mitad a lo largo y colocarlos en una fuente engrasada con mantequilla; regarlos con el ron, espolvorearlos con el azúcar y poner un trocito de mantequilla sobre cada plátano. ■ Introducir en el horno con la función *grill* combinada con microondas, 4 minutos al 50%. ■ Servirlos con caramelo y menta.
Nota: Un postre rápido y fácil que se puede hacer con plátanos *baby*, en cuyo caso hay que considerar dos plátanos por persona y no cortarlos a la mitad.

PUDIN DE NARANJA

Ingredientes (para 4 personas): 1/2 litro de leche. 100 gramos de pan del día anterior. 10 cucharadas de azúcar. 4 cucharadas de agua. 3 huevos. 4 cucharas de mermelada de naranja. 2 cucharadas de pasas de Corinto. 1 copa de *brandy*.
Tiempo de preparación: 30 minutos.

Calorías: 510.

■ Calentar la leche 3 minutos al 100% con 6 cucharadas de azúcar; mover para que se disuelvan. ■ Cortar el pan en rebanadas finas, colocarlo en un bol y verter la leche sobre él. ■ Poner en un molde de *plum-cake* el resto del azúcar y el agua y meterlo en el horno 2-3 minutos o hasta que se haga el caramelo; sacar el molde con cuidado de no quemarse y bañar las paredes. ■ Poner las pasas a remojo en el *brandy*. ■ Batir los huevos y mezclarlos con la mermelada, las pasas escurridas y el pan empapado en la leche. ■ Verter la mezcla en el molde caramelizado. ■ Introducirlo en el microondas entre 10 y 12 minutos al 100%; pinchar con una aguja para comprobar que sale limpia y dejarlo reposar 5 minutos. ■ Volcarlo cuando esté templado y adornarlo con rodajas muy finas de naranja acanalada.

Nota: Si se sirve templado, se puede acompañar de caramelo líquido y nata líquida. En frío, acompañarlo de caramelo y nata montada.

PUDIN DE CASTAÑAS

Ingredientes (para 4 personas): 200 gramos de confitura de castañas. 3 huevos. 150 gramos de bizcochos de soletilla. 1 vaso de leche. 3 cucharadas de azúcar. 100 gramos de nueces. 1 vaso de nata líquida. 4 cucharadas de azúcar glasé.

Tiempo de preparación: 45 minutos.

Calorías: 730.

■ Mezclar la confitura de castañas con la leche, los huevos batidos, los bizcochos desmenuzados, las nueces en trozos pequeños y el azúcar. ■ Engrasar un molde de corona con mantequilla y verter en él la preparación; hacer durante 10 minutos al 75% de potencia. ■ Sacarlo, dejarlo reposar unos minutos y repetir la operación 3 minutos más. ■ Montar la nata con azúcar glasé y servir el bizcocho con la nata y la salsa de chocolate.

Nota: Si se desea, en tiempo de castañas, esta misma receta se puede hacer con 1 1/2 kilo de castañas con piel: darles un corte, cocerlas cubiertas de agua durante 10 minutos al 100%, pelarlas, quitar la segunda piel, pesarlas y cocerlas 20 minutos con un almíbar que lleve el peso de las castañas en azúcar y el mismo volumen de agua, más un palo de vainilla. Triturarlas.

SOPA DE CÍTRICOS A LA MENTA

Ingredientes (para 4 personas): 1 taza de zumo de naranja. 3 cucharadas de zumo de limón. 1 taza pequeña de azúcar. 1 taza de agua. 1 melón pequeño. 4 cucharaditas de menta picada.
Tiempo de preparación: 30 minutos.
Calorías: 130.
■ Disolver el azúcar en el agua y calentar 1 1/2 minuto al 100%; añadir la menta picada y cocer 4 minutos más; dejar enfriar y colar. ■ Hacer los zumos de naranja y limón, mezclarlos con el almíbar de menta y guardarlo en la nevera. ■ Hacer bolitas de la pulpa del melón con el aparato especial; incorporarlas a la mezcla anterior y servirlo muy frío, con unas rodajas de menta.
Nota: Si se emplean melones Cantalup pequeños, se puede servir la sopa en los medios melones cortados a piquitos.

SOPA DE FRUTAS ROJAS

Ingredientes (para 4 personas): 150 gramos de grosellas. 150 gramos de fresas. 150 gramos de frambuesas y, en su época, 150 gramos de cerezas. 4 cucharadas de azúcar. 1/2 limón. Pimienta. Menta y grosellas para adornar.
Tiempo de preparación: 30 minutos.
Calorías: 135.

■ Lavar las frutas y escurrirlas. ■ Deshuesar las cerezas, cortar las fresas y las frambuesas por la mitad y desgranar las grosellas. ■ Colocar las frutas en un cuenco, espolvorearlas con el azúcar y una pizca de pimienta molida y aplastarlas ligeramente con un tenedor, taparlas con *film* y cocerlas 5 minutos. ■ Añadir el zumo de limón y más azúcar, si fuera necesario. ■ Servir adornado con grosellas y menta.

Nota: A las sopas de frutas, tan de moda en la actualidad, les va muy bien una bola de helado en el centro de cada plato.

Suspiros de coco

Ingredientes (para 4 personas): 1/4 litro de nata líquida. 4 cucharadas de azúcar glasé. 1/4 kilo de galletas de coco. 150 gramos de chocolate cobertura.

Tiempo de preparación: 15 minutos, más el tiempo de congelación.

Calorías: 660.

■ Batir la nata con el azúcar y cubrir cada galleta con la mezcla, dándole forma de bóveda, y congelarlas. ■ Trocear el chocolate y fundirlo en un recipiente de cristal o plástico durante 1 1/2 minuto a máxima potencia. ■ Verter el chocolate por encima de las galletas congeladas y se endurecerá instantáneamente.

Nota: Hay que elegir unas buenas galletas de coco y, si no se encuentran, es conveniente emplear galletas de mantequilla de buena calidad.

Tarta de almendra

Ingredientes (para 4 personas): 1/4 kilo de almendra molida. 1 vaso de azúcar. 5 huevos. 1/2 copa de *brandy*. **Almíbar:** 2 vasos de agua y 1 vaso de azúcar.

Tiempo de preparación: 45 minutos.
Calorías: 560.
■ Separar las yemas de las claras y montar estas últimas a punto de nieve, incorporando el azúcar poco a poco. ■ Fuera de la batidora, añadir la almendra molida, las yemas, una a una, y el *brandy*. ■ Verter la mezcla en un molde de cristal, porcelana o plástico no muy alto, engrasado y forrado con papel sulfurizado. ■ Meterlo en el horno 15 minutos al 100%. ■ En los 2 últimos minutos conectar el *grill* para que se dore por encima.
Almíbar: ■ Deshacer el azúcar en el agua e introducirlo en el microondas 6 minutos al 100%. ■ Verter el almíbar sobre la tarta y dejarla reposar hasta que se empape por todas partes. ■ Servirla espolvoreada de canela.
Nota: El almíbar se puede aromatizar con corteza de limón, vainilla, palo de canela o media copa de *brandy* o ron.

TARTA DE FRUTAS

Ingredientes (para 8 personas): **Masa:** 200 gramos de galletas María. 75 gramos de mantequilla. 2 cucharadas de *brandy*. 2 cucharadas de azúcar. **Relleno:** 1 kilo de manzanas reineta. 150 gramos de azúcar. El zumo de 1 limón. Ralladura de limón. 1 palo de canela en rama. 8 cucharadas de agua. **Para cubrir:** 1 plátano. 1 mango. 1 kiwi. 1/4 kilo de sandía. 1/4 kilo de melón. Frambuesas y grosellas.
Tiempo de preparación: 45 minutos.
Calorías: 365.
Masa: Triturar las galletas con la mantequilla, el azúcar y el *brandy* y forrar un molde de porcelana o cristal. ■ Cocer 30 segundos al 50%.
Relleno: ■ Pelar y cortar en trozos las manzanas; cocerlas en un recipiente con los demás ingredientes del relleno 4-5 mi-

nutos al 100%, aplastarlas y repetir 3-4 minutos más. ■ Llenar el molde con la compota de manzana y colocar por encima el mango cortado en abanico, el kiwi y el plátano en rodajas, bolas de melón y sandía, las frambuesas y por último las grosellas.

Nota: Admite todas las frutas de la estación que se quiera. Es ligera y no resulta empalagosa.

TARTA DE LIMÓN

Ingredientes (para 4 personas): 200 gramos de galletas María. 75 gramos de mantequilla. 2 cucharadas de oloroso dulce. 2 limones. 100 gramos de azúcar. 1 cucharada de Maizena. 3 huevos.

Tiempo de preparación: 30 minutos.

Calorías: 500.

■ Poner las galletas sobre el mármol, pasar el rodillo para triturarlas o molerlas en la trituradora eléctrica. ■ Mezclarlas con la mantequilla ablandada durante 2 minutos al 50% y añadir el oloroso. ■ Forrar las paredes y el fondo de un molde, trabajando la masa en pequeñas tortitas, porque no liga, y cocerlo 3 minutos al 50% de potencia. ■ Lavar la cáscara de un limón y rallarla. ■ Disolver la Maizena en 2 cucharadas de agua y batirla con el zumo de los limones, la ralladura, el azúcar y los huevos. ■ Meter en el horno 5-6 minutos al 50%, parando cada minuto para mover. ■ Cuando la crema esté tibia, verterla en el molde y dejarla enfriar. ■ Adornar la superficie con frutas rojas.

Nota: Fuera de estación, también se puede cubrir con mermelada de frutas rojas.

Tarta de plátano y nuez

Ingredientes (para 8 personas): **Masa:** 200 gramos de galletas María. 75 gramos de mantequilla. 2 cucharadas de *brandy*. 2 cucharadas de azúcar.
Relleno: 2 plátanos. 50 gramos de mantequilla. 4 huevos. 175 gramos de azúcar. 100 gramos de nueces peladas y picadas. 75 gramos de miel. **Para cubrir:** 1 plátano grande en rodajas.
Tiempo de preparación: 50 minutos.
Calorías: 505.
Masa: ■ Triturar las galletas con la mantequilla, el azúcar y el *brandy* y forrar un molde de porcelana, o cualquiera especial para microondas; cocer 1 minuto al 100%.
Relleno: ■ Fundir la mantequilla con la miel y el azúcar durante 30 segundos al 100%. ■ Añadir los plátanos bien aplastados, los huevos batidos y, por último, las nueces. ■ Llenar el molde con el relleno, colocar las rodajas de plátanos sobre la superficie de la tarta y hacer 18 minutos al 50%. ■ Se puede servir templada y acompañada de nata líquida.
Nota: Si se desea que brille la superficie, se puede calentar una cucharada de miel para licuarla y pintar la tarta.

Tarta de queso

Ingredientes (para 8 personas): 150 gramos de galletas María. 2 cucharadas de mantequilla. 2 tarrinas (350 gramos) de queso Philadelphia. 5 cucharadas de azúcar. 12 cucharadas de nata líquida. 2 cucharadas de Maizena. 3 huevos y la ralladura de un limón.
Tiempo de preparación: 45 minutos.
Calorías: 410.
■ Fundir la mantequilla durante 3 minutos al 30% de potencia. ■ Poner las gallegas sobre el mármol y pasar el rodillo por

encima para triturarlas, o molerlas en la trituradora. ■ Mezclarlas con la mantequilla y 2-3 cucharadas de agua para que la pasta ligue. ■ Forrar el fondo de un molde de porcelana refractaria de 22 cm de diámetro con la masa, aplastándola bien. ■ Mezclar en el vaso de la batidora el queso, la nata, el azúcar, la Maizena, la ralladura de limón y las yemas de huevo. ■ Montar las claras a punto de nieve y unirlas a la crema con un movimiento envolvente. ■ Llenar el molde fondeado de pasta de galletas, dejando algo de espacio para que suba y cocerlo 20 minutos al 50%. ■ Dejar enfriar, cubrir con la mermelada de frambuesa y servirla en el mismo molde.

Nota: Es una tarta muy cómoda, porque no hay que desmoldarla. Se puede servir templada.

TARTA DE QUESO Y PLÁTANO

Ingredientes (para 4 personas): 100 gramos de mantequilla. 225 gramos de galletas. 225 gramos de queso fresco. 12 cucharadas de nata líquida. 3 plátanos. 2 cucharadas de miel. 3 cucharaditas rasas de gelatina en polvo. 4 cucharadas de zumo de limón. Rodajas de plátano y frambuesas para decorar.

Tiempo de preparación: 40 minutos.

Calorías: 775.

■ Fundir la mantequilla 1 minuto, triturar las galletas y mezclar. ■ Forrar con esta pasta un molde de 20 cm de base desmontable y cocer 3 minutos al 50%; guardar en la nevera cuando se enfríe. ■ Batir el queso con la nata, pelar los plátanos, aplastarlos y mezclarlos con la crema de queso y con miel. ■ Poner en un cuenco el zumo de limón, añadir la gelatina y hacer 35-40 segundos. ■ Mezclar la gelatina y el limón fundidos con la crema y llenar el molde con la preparación. ■ Cuando cuaje, adornar la tarta con frambuesas y plátano en tiras o rodajas y regarla con miel.

Nota: Para decorar, admite nueces y otros frutos secos que combinen bien con los plátanos. Para abrillantar la tarta, templar la miel unos segundos, para que esté más líquida y fácil de extender.

TARTA DE QUESO Y YOGUR

Ingredientes (para 8 personas): 3 huevos. 3 yogures naturales. 1 tarrina de 250 gramos de queso Philadelphia. 1 cucharada de Maizena. 8 cucharadas de azúcar. 4 cucharadas de azúcar y 3 de agua para caramelizar el molde. Nata, caramelo líquido o mermelada de frutas para acompañar.
Tiempo de preparación: 30 minutos.
Calorías: 300.
■ Poner en un molde refractario de corona el azúcar y el agua y meterlo en el horno durante 6 minutos al 100%, hasta que se caramelice. ■ Bañar las paredes del molde con el caramelo. ■ Batir los huevos con los yogures, la tarrina de queso Philadelphia, la Maizena y el azúcar (se puede hacer en la batidora eléctrica). ■ Llenar el molde, taparlo con plástico de cocina e introducirlo en el microondas 13 minutos. ■ Dejarlo reposar hasta que esté templado, volcarlo y servirlo con nata y caramelo líquido o mermelada de frutas.
Nota: También se puede hacer en molde de *plum-cake*.

TRUFAS HELADAS

Ingredientes (para 4 personas): 125 gramos de chocolate *fondant*. 100 gramos de mantequilla. 1 1/2 vaso de vino con nata líquida. 1 yema de huevo. 3 cucharadas de azúcar. 1 cucharada de agua. Cacao en polvo sin azúcar.
Tiempo de preparación: 20 minutos, más el tiempo de nevera.

Calorías: 540.

■ Fundir el chocolate con la mantequilla, el azúcar y el agua 2 minutos al 50%, batir enérgicamente y cocer 2 minutos más. ■ Dejar entibiar y añadir la yema de huevo, mezclar bien y meter en el horno 1/2 minuto más; batir bien y dejar enfriar. ■ Montar la nata, incorporarla con cuidado y guardar en la nevera 1 hora. ■ Formar bolitas, pasarlas por el cacao y guardarlas en el congelador.

Nota: Una forma rápida de hacer esta receta es llenar la manga pastelera de boquilla lisa con la preparación y hacer moñitos en una bandeja. Introducirla en el congelador media hora aproximadamente y dar mejor forma a las bolitas con las manos.

Preparados auxiliares

Almíbar

Ingredientes (para 1/4 de litro): 1 vaso de agua. 1 vaso de azúcar. 1 palo de canela, de vainilla o una corteza de limón, según el gusto.
Tiempo de preparación: 10 minutos.
Calorías: 373.
■ Disolver el azúcar en el agua en un recipiente profundo de boca ancha; la jarra medidora, de pírex, por ejemplo. ■ Añadir el aroma que se desee: vainilla, canela o limón; e introducir la jarra en el microondas al 100% durante 5 minutos. ■ Se conseguirá un almíbar a punto de hebra floja; si se quiere más denso, meterlo minuto a minuto hasta adquirir la densidad deseada.
Nota: Siempre que se haga un almíbar, es conveniente disolver el azúcar en el agua antes de acercarlo a cualquier foco de calor, pues se corre el riesgo de caramelizar el fondo.

Arroz blanco

Ingredientes (para 4 personas): 4 tacitas moka de arroz. 5 tacitas de agua. 1 diente de ajo. 4 cucharadas de aceite. Sal.
Tiempo de preparación: 25 minutos.
Calorías: 350.
■ Calentar el agua con sal 5 minutos al 100%. ■ Picar el diente de ajo y ponerlo con aceite en un recipiente plano y amplio

y meterlo en el horno 3 minutos. ■ Sacarlo, añadir el arroz, darle unas vueltas para impregnarlo de aceite y cubrirlo con el agua hirviendo. ■ Hacer durante 15 minutos al 75%. ■ Dejarlo reposar 3-4 minutos. ■ Servirlo con guarnición o acompañado de huevos fritos, pimientos fritos, tomate, pisto, etcétera.

Nota: Este sistema de hacer arroz se denomina «a la española», porque se rehoga primero, en lugar de cocerlo, escurrirlo y rehogarlo después.

CARAMELO

Ingredientes (para caramelizar una flanera): 4 cucharadas de azúcar. 2 cucharadas de agua.

Tiempo de preparación: 5 minutos.

Calorías: 316.

■ Mojar el azúcar en el agua, en la misma flanera, y ponerla en el horno 3-4 minutos. ■ Sacar el molde con cuidado de no quemarse, moverlo para que se iguale de tono y bañar las paredes.

Nota: Para hacer el caramelo en el microondas es preciso salpicar bien el azúcar con el agua; ya que, como el azúcar atrae mucho a las microondas, se corre el riesgo de que se formen pequeños gurullos, que se queman antes de que el resto se dore.

CARAMELO LÍQUIDO

Ingredientes (para 1/4 litro): 1 vaso de azúcar. 4 cucharadas de agua para hacer el caramelo. 1 vaso de vino con agua para aclararlo.

Tiempo de preparación: 15 minutos.

Calorías: 373.

■ Calentar el vaso de agua 1/2 minuto al 100%. ■ Poner el azúcar en un recipiente alto de boca ancha, capaz para 1 litro, mojarlo con las 4 cucharadas de agua fría e introducirlo en el horno 4 minutos. ■ Sacar la jarra, mover el caramelo y verter con mucho cuidado el agua caliente. ■ Moverlo con una cuchara mientras se incorpora, pero con la mano dentro de un guante o manopla de cocina, por si salta (las quemaduras de caramelo son terribles). ■ Si no se disuelve del todo, meterlo 1/2 minuto más, dejarlo reposar y mover.
Nota: Este caramelo se puede hacer más o menos consistente, según se le añada más o menos agua. Se puede llenar una botella y guardarla en la nevera para regar los postres.

CEBOLLITAS CONFITADAS

Ingredientes (para 4 personas): 1/4 kilo de cebollas francesas. 2 cucharadas de azúcar. 2 cucharadas de vinagre. 2 cucharadas de mantequilla. 1/2 vaso de agua, sal y pimienta.
Tiempo de preparación: 30 minutos.
Calorías: 115.
■ Poner las cebollitas en un recipiente, cubrirlas de agua hirviendo y cocer 3 minutos a la máxima potencia. ■ Sacarlas, escurrirlas y pelarlas. ■ Colocarlas en el mismo recipiente con el azúcar, el vinagre, la mantequilla, sal y pimienta. ■ Cubrirlas con el agua, tapar y meter en el horno 8 minutos. ■ A mitad del tiempo sacarlas, darles la vuelta y meter de nuevo. Moverlas y, si no estuvieran empezando a caramelizarse, mantenerlas 1 minuto más. ■ Servirlas como guarnición de carnes, pescados y aves.
Nota: Para pelarlas se pueden introducir en el microondas sin agua, simplemente para que se calienten; pero nos parece más efectivo escaldarlas en agua hirviendo.

‘CHUTNEY’ DE MANGO

Ingredientes (para 1/4 kilo): 6 mangos de color verde. 2 cucharadas de sal. 3-4 guindillas rojas o 2 cucharadas de pimentón picante. 1 1/2 vasos de vinagre de vino. 2 vasos de azúcar. 25 granos de ginebra roja machacada. 100 gramos de frutos secos picados gruesos (nueces, avellanas o almendras y la mitad de pasas).
Tiempo de preparación: 30 minutos.
Calorías: 2.000 para 1/4 kilo.
■ Pelar los mangos, rallar la pulpa o picarla y colocarla en un bol con la sal. ■ Cortar las guindillas en aros finos o disolver el pimentón en una cucharada de vinagre y añadirlo al mango. ■ Disolver el azúcar en el resto del vinagre, mezclarlo con el mango y agregar los frutos secos y la ginebra. ■ Hacer durante 10 minutos al 100%. ■ Dejar enfriar y envasar.
Nota: El *chutney* es una receta inglesa heredada de la India, muy apropiada para acompañar aves o carnes. Los granos de ginebra son granos de enebro.

CREMA DE LIMÓN

Ingredientes (para 4 personas): el zumo de 2 limones y la ralladura de 1 limón. 3 huevos enteros. 8 cucharadas de azúcar. 100 gramos de mantequilla.
Tiempo de preparación: 15 minutos.
Calorías: 410.
■ Batir los huevos enteros en un recipiente con el azúcar, la ralladura y el zumo de los limones. ■ Meter en el horno al 75% durante 1 minuto, batir con energía y repetir otro minuto. ■ Añadir la mantequilla en trocitos, batir y hacer 1 minuto al 50%. ■ Batir y cambiar de recipiente hasta que se vaya a servir, ya que el calor que ha tomado puede cortar la salsa.

Nota: Para que esta crema no se corte hay que estar muy pendiente de sacarla, batirla e introducirla de nuevo, sin parar y siempre a una temperatura baja, de modo que no llegue a hervir nunca.

Crema de limón ligera

Ingredientes (para 4 personas): 2 yemas. 4 cucharadas de azúcar. La ralladura de un limón. El zumo de 2 limones. 50 gramos de mantequilla. 4-5 cucharadas de agua.
Tiempo de preparación: 15 minutos.
Calorías: 215.
■ Poner las yemas en un cuenco con el azúcar, la ralladura y el zumo de limón; batir bien. ■ Hacer 2 minutos al 50%. ■ Sin parar de batir, añadir la mantequilla a trocitos. ■ Aclarar la crema al gusto, añadiendo 4-5 cucharadas de agua a hilo fino, sin dejar de batir. ■ Llenar platillos de cristal y colocar encima frutas rojas: frambuesas, grosellas, fresas...
Nota: Esta crema sirve tanto para rellenar pastelillos o tartaletas, como para servir algo más espesa, como mermelada de limón.

Crema pastelera

Ingredientes (para 4 personas): 1/2 litro de leche. 1 cucharada de mantequilla. 4 yemas de huevo. 1 cucharada de Maizena. 6 cucharadas de azúcar. Una corteza de limón.
Tiempo de preparación: 15 minutos.
Calorías: 350.
■ Batir las yemas con el azúcar y la Maizena, sin que hagan ojos, en un recipiente de plástico o cristal. ■ Hervir la leche con la corteza de limón 5 minutos al 100%. ■ Verter la leche sobre las

yemas, sin parar de batir, y meter en el horno 3 minutos al 50%. Batir y, si no estuviera suficientemente espesa (calcular que espesa mucho al enfriar), repetir 1 minuto al 25%. ■ Fuera del microondas, añadir la mantequilla, batir y reservar.

Nota: Mientras se enfría, es conveniente moverla de cuando en cuando, para que no forme costra.

ENSALADA DE PATATAS AL ENELDO

Ingredientes (para 4 personas): 3/4 kg de patatas (4 patatas grandes del mismo tamaño). 1/2 kilo de manzanas reinetas. 1 limón. 100 gramos de salmón ahumado. 1/2 litro de caldo (se puede hacer de pastilla). **Salsa:** 1 huevo, 1 cucharada de mostaza Savora, 1 cucharada de azúcar, 1 manojo de eneldo, sal, 2 cucharadas de vinagre, 8 cucharadas de nata líquida y 8 cucharadas de aceite.

Tiempo de preparación: 45 minutos.

Calorías: 570.

■ Pelar las patatas, lavarlas y cortarlas en dados. ■ Hervir el agua (o el caldo) 6-7 minutos al 100% y disolver la pastilla de caldo en el agua. ■ Introducir los dados de patata y cocerlos 10 minutos, sacarlos y escurrirlos. ■ Pelar las manzanas y cortarlas en dados del mismo tamaño que las patatas; mezclarlas. ■ Cortar el salmón en tiritas. ■ Unir las patatas, la manzana y el salmón con la salsa y servirlas como acompañamiento de pescados cocidos.

Salsa: ■ Lavar y picar el eneldo, reservando unas hojas para decorar. ■ Poner en el vaso de la batidora el huevo, la mostaza, el vinagre, el eneldo, el azúcar y la sal. ■ Batir unos instantes y añadir poco a poco el aceite. ■ Rectificar el punto de sazón e incorporar la nata líquida.

Nota: Si la salsa estuviera algo espesa, se puede aclarar con un poco del caldo de cocer las patatas.

Huevos escalfados

Ingredientes (para 4 personas): 2 huevos por persona. 2 cucharadas de vinagre.
Tiempo de preparación: 6-7 minutos.
Calorías: 174.
■ Llenar con agua un bol en el que quepa una espumadera, meterlo en el horno y programarlo al 100% de potencia durante 3-4 minutos, según el tamaño. ■ No bien esté a punto de ebullición, añadir el vinagre y mantenerlo 1 minuto. ■ Sacar el bol, cascar un huevo dentro (o dos a la vez), pinchar la yema y recoger la clara con la espumadera para que quede redondito. ■ Introducir de nuevo 30 segundos; sacar el bol del horno y dejarlo reposar, sin dejar de vigilarlo hasta que se vea que la clara está opaca. ■ Retirar el huevo (o los huevos) con la espumadera y ponerlo a escurrir sobre un paño, con cuidado de que no se rompa. ■ Repetir la operación hasta terminar con todos los huevos.
Nota: Cuanto más frescos sean los huevos, más recogida queda la clara. Si se hacen dos huevos a la vez, las claras quedan unidas. Habrá que aumentar el tiempo de cocción de 30 segundos a 45-50, según el tamaño de los huevos.

Huevos 'pochés'

Ingredientes (para cada persona): 1-2 huevos.
Tiempo de preparación: 1 minuto.
Calorías: 174.
■ Cascar un huevo en el recipiente especial cuece huevos o en una taza. ■ Pinchar la yema, cubrir la taza con papel *film* o el recipiente especial con su tapa e introducir en el microondas durante 20 segundos al 50% de potencia. ■ Reposar 1 minuto y repetir 20 segundos a la misma potencia. ■ Dejarlo

reposar hasta que la clara esté opaca y emplearlo. ■ Si se van a servir sobre pan, colocar la rebanada sobre el recipiente e invertirlo para que caiga cuidadosamente el huevo, sin romperse la yema.

Nota: Se pueden hacer en una copa pequeña o en tacitas moka y, si se quiere que se despeguen con más facilidad para volcarlos, engrasar ligeramente con aceite.

NATILLAS

Ingredientes (para 4 personas): 6 yemas. 6 cucharadas de azúcar. Corteza de limón. 3/4 litros de leche. 1 cucharada de Maizena. Un pellizco de sal.

Tiempo de preparación: 20 minutos.

Calorías: 370.

■ Disolver la Maizena en unas cucharadas de leche fría. ■ Batir las yemas con el azúcar en un recipiente. ■ Hervir la leche con la corteza de limón 4 minutos al 100%. ■ Añadir la Maizena a las yemas batidas con el azúcar y verter después la leche hirviendo, sin la cáscara de limón, sin parar de mover. ■ Introducir la mezcla en el microondas durante 1 minuto, sacarla, batir para que los bordes que se calientan antes se mezclen con el centro y repetir 5 minutos, abriendo el horno cada minuto para batirlas. ■ Verter en otro recipiente y mover de cuando en cuando mientras se enfrían, para que no formen costra.

Nota: Las natillas se pueden servir como postre, espolvoreadas de canela o cubiertas con 3 claras montadas a punto de nieve, con 3 cucharadas de azúcar y rociadas con caramelo líquido, o gratinadas unos minutos para que las claras se doren.

PIMIENTOS ASADOS

Ingredientes (para 4 personas): 1 kilo de pimientos rojos o verdes (3-4 pimientos), todos ellos gruesos y pesados. Sal. Aceite para engrasarlos.
Tiempo de preparación: 40 minutos.
Calorías: 130.
■ Lavar los pimientos, secarlos y colocarlos de forma simétrica sobre una rejilla en un recipiente con tapa. ■ Salpicarlos con sal y aceite, taparlos y programar 10 minutos al 100%. ■ Darles la vuelta y asarlos otros 10 minutos. ■ Sacarlos y mantenerlos tapados hasta que se puedan tocar con la mano. ■ Pelarlos, quitar el pedúnculo y las semillas y cortarlos en tiras, reservando el jugo que sueltan.
Nota: Los pimientos asados son deliciosos, aliñados en ensalada o simplemente con su jugo y aceite, para acompañar carnes o pescados.

PIMIENTOS CONFITADOS

Ingredientes (para 4 personas): 1 kilo de pimientos rojos, verdes y amarillos, mezclados. 12 cucharadas de azúcar. 12 cucharadas de aceite. Una pizca de romero, sal y pimienta.
Tiempo de preparación: 20 minutos.
Calorías: 530.
■ Lavar los pimientos, engrasarlos por fuera, ponerles una pizca de sal y colocarlos en una fuente con rejilla o fondo acanalado. ■ Taparlos y meterlos en el horno 10 minutos al 100%, dándoles la vuelta a mitad de tiempo. ■ Dejarlos enfriar sin destapar y luego pelarlos, suprimir las pepitas y cortarlos en tiras. ■ Colocarlos en un recipiente con aceite, azúcar, romero, sal y pimienta e introducirlo en el microondas 10 minutos. ■ Darles la vuelta a mitad de tiempo y, una vez hechos,

comprobar que se ha consumido todo el jugo; en caso contrario, consumirlo unos minutos a fuego vivo, cuidando de que se caramelicen ligeramente sin quemarse las tiras de pimiento. ■ Dejarlos reposar 1 minuto y servir como guarnición de carnes y pescados.

Nota: Los pimientos confitados son excelentes y se pueden hacer mezclados o sólo rojos. Lo importante es que todos sean del mismo grosor.

PURÉ DE MANZANA

Ingredientes (para 4 personas): 1 kilo de manzanas reineta. 4 cucharadas de *brandy*. 1 limón. 1 cucharada de azúcar. 3 cucharadas de mantequilla.

Tiempo de preparación: 15 minutos.

Calorías: 210.

■ Lavar las manzanas, pelarlas, quitarles el corazón con el descorazonador y cortarlas en octavos. ■ Ponerlas en un recipiente con la mantequilla, el *brandy*, el azúcar y el zumo de limón. ■ Meter la fuente en el horno y hacerlo durante 2 minutos al 100%. ■ Sacar la fuente, moverlas enérgicamente para que se medio deshagan y repetir 1 minuto más. ■ Reservar este puré al calor.

Nota: Es muy apropiado para acompañar la caza, el cerdo y algunas aves, como el pavo y el pato.

REFRITO CLÁSICO

Ingredientes (para un guiso de 4 personas): 1 diente de ajo. 1 cebolla mediana. 1 puerro. 1 zanahoria. 6 cucharadas de aceite. 1/2 cucharada de harina. 1 vaso pequeño de vino blanco.

Tiempo de preparación: 15 minutos.

Calorías: 185.

■ Calentar el aceite en un recipiente pequeño durante 1 minuto al 50%. ■ Añadir el diente de ajo picado, la cebolla también picada, el puerro y la zanahoria, todo lo más fino posible. ■ Hacerlo 4 minutos al 100%. ■ Emplearlo para legumbres, patatas guisadas o cualquier salsa.

Nota: En ocasiones será bueno añadir una o dos cucharadas de tomate frito; pero el tomate debe emplearse con precaución, porque anula los otros sabores. También hay refritos en los que se pone pimiento rojo o verde picado.

Salsa al cabrales

Ingredientes (para 4 personas): 2 cucharadas de aceite. 2 cucharadas de sidra o vino blanco seco. 1 taza de nata líquida. 50 gramos de queso de Cabrales.

Tiempo de preparación: 10 minutos.

Calorías: 162.

■ Poner el aceite, la sidra o el vino, la nata y el queso en un recipiente y batirlo un poco. ■ Meterlo al horno 1 minuto al 100%, sacarlo, batirlo y repetir 1 minuto más. ■ Batirlo de nuevo para conseguir que la salsa trabe bien.

Nota: Esta salsa resulta deliciosa para acompañar carnes hechas a la parrilla. Si no se tiene queso de Cabrales, se puede emplear cualquier otro tipo de queso azul.

Salsa americana

Ingredientes (para 4 personas): 200 gramos de gambas. 1 carabinero. 1 cebolla grande. 2 dientes de ajo. 1 puerro. 1 copa de *brandy*. 1 vaso de vino blanco. 8 cucharadas de salsa de tomate. 1 vaso de vino con caldo de pescado. 1 pellizco de estragón seco. 8 cucharadas de aceite.

Tiempo de preparación: 30 minutos.
Calorías: 340.
■ Pelar las gambas y el carabinero, guardar los cuerpos y cocer las cabezas cubiertas de agua durante 7 minutos al 100%. ■ Colar el caldo, exprimiendo bien el jugo del interior de las cabezas, o quitar la zona externa, más dura, y triturar el resto en la trituradora eléctrica. ■ Calentar el aceite durante 2 minutos, añadir la cebolla pelada, el puerro limpio y el ajo, todos picados; revolver bien y hacer 3 minutos. ■ Incorporar las gambas y el carabinero en trocitos, regar con el *brandy*, el vino blanco y el caldo de pescado y dejar cocer 10 minutos más. ■ Agregar la salsa de tomate y el estragón, triturarlo y rectificar el punto de sazón.
Nota: Esta salsa es un excelente acompañamiento para mariscos y pescados, arroz blanco y huevos.

Salsa aurora

Ingredientes (para 4 personas): 1/4 litro de salsa besamel. 10 cucharadas de salsa de tomate (*ver Preparados auxiliares*).
Tiempo de preparación: 5 minutos, con la salsa besamel y de tomate ya hechas.
Calorías: 112.
■ Poner la besamel en un bol e introducirla en el microondas 2 minutos al 100%. ■ Sacar, batir, mezclar con la salsa de tomate y hacerlo 1 minuto más. ■ Batir de nuevo y emplear.
Nota: La salsa aurora es un clásico, que se sirve acompañando a toda clase de moldes de pescado o verduras, así como huevos.

SALSA BESAMEL CLARITA

Ingredientes (4 personas): 1 litro de leche. 2 cucharadas de mantequilla. 2 cucharadas de harina. Unas ralladuras de nuez moscada. Sal y pimienta.
Tiempo de preparación: 15 minutos.
Calorías: 260.
■ Poner la mantequilla en un recipiente con capacidad de 1 1/2 litro y meterla en el horno 1/2 minuto al 50%. ■ Sacarla, añadir la harina y repetir 1 minuto al máximo de potencia. ■ Calentar la leche 7 minutos. ■ Verter la leche sobre la mezcla rehogada, sazonar, batir enérgicamente y hacer entre 6 y 8 minutos, sacándola y batiéndola cada minuto. ■ Comprobar el punto y batir con fuerza.
Nota: La salsa besamel clarita, como debe quedar la que hemos explicado en la receta, es un buen acompañamiento para el arroz blanco; para cubrir huevos *pochés*, canelones, y mezclar con espinacas cocidas y rehogadas, etcétera.

SALSA BESAMEL ESPESA

Ingredientes (para 4 personas): 2 cucharadas de mantequilla. 2 cucharadas de harina. 1/4 litro de leche. Sal, pimienta y nuez moscada.
Tiempo de preparación: 15 minutos.
Calorías: 135.
■ Calentar la leche 2 minutos al 100% y reservarla. ■ Poner la mantequilla en un cuenco y ablandarla durante 1/2 minuto al 50%; añadir la harina, mover y rehogar 1 minuto al 100%. ■ Verter sobre la mezcla rehogada la leche caliente, sazonar con sal, pimienta y nuez moscada y hacer durante 4 minutos. ■ Cada 1/2 minuto se abrirá el microondas para mover la salsa.

Nota: Es muy apropiada para cubrir budines, para canelones y servir con huevos escalfados.

SALSA CHIMI-CHURRI

Ingredientes (para 4 personas): 1 cebolla pequeña. 1/2 pimiento rojo. 1 diente de ajo. 1/2 cucharadita de pimentón dulce. 1/2 cucharadita de pimentón picante. 1/2 taza grande de aceite. 1 vaso de vino tinto. 1 cucharada de vinagre. Pimienta molida. 1/2 hoja de laurel. Una pizca de orégano y sal.
Tiempo de preparación: 20 minutos.
Calorías: 240.
■ Pelar y picar muy fina la cebolla, el pimiento lavado y sin semillas y el diente de ajo, pelado también. ■ Mezclar las hortalizas y añadir los dos tipos de pimentón, el aceite, el vino, el vinagre, el laurel y el orégano. ■ Programar el microondas al 100% durante 2 minutos; sacarlo, sazonar con sal y pimienta y repetir 2 minutos más. ■ Dejar reposar y, cuando esté fría, emplear.
Nota: Esta salsa es la habitual en carnes de barbacoa y churrasco.

SALSA CUMBERLAND

Ingredientes (para 4 personas): 2 naranjas. 1 limón. 1 manzana. 2 cucharadas de jerez seco. 1/2 vaso de caldo. 1 cucharadita de Maizena. Una pizca de pimienta. 1 cucharadita de azúcar. Sal.
Tiempo de preparación: 20 minutos.
Calorías: 72.
■ Lavar las naranjas y quitar la piel coloreada de una de ellas con un cuchillo afilado, sin que vaya nada de piel blanca, que es la que amarga. ■ Cortar la mitad de esa piel en juliana fina,

cubrirla de agua en un recipiente y cocerla 2-3 minutos al 100%; luego escurrirla. ■ Exprimir las naranjas, pelar y rallar la manzana y mezclar con la juliana de naranja el caldo, y sazonar con azúcar, sal y pimienta. ■ Hacer durante 2 minutos. ■ Deshacer en el vino la Maizena, añadir a la salsa y cocer 3 minutos. ■ Triturar y utilizar.
Nota: Esta salsa resulta ideal para acompañar a carnes y caza.

SALSA DE ANCHOAS

Ingredientes (para 4 personas): 1 lata pequeña de anchoas en aceite. 1 diente de ajo. 2 cucharadas de mantequilla. 1 1/2 vasos de nata líquida.
Tiempo de preparación: 10 minutos.
Calorías: 257.
■ Triturar las anchoas con el ajo y la nata líquida en la trituradora, o machacar las anchoas con el diente de ajo y añadir poco a poco la nata. ■ Agregar la mantequilla e introducir la salsa en un recipiente durante 5 minutos al 75%. ■ Sacarla, comprobar el punto y servirla.
Nota: Esta salsa es muy adecuada para servirla con ternera, fiambre, huevos, pasta, etcétera.

SALSA DE CEBOLLA

Ingredientes (para 4 personas): 1 cebolla. 1 cucharada de mantequilla. 1 1/2 cucharadas de harina. 1 vaso de leche. Pimienta negra, recién molida, y sal.
Tiempo de preparación: 15 minutos.
Calorías: 70.
■ Ablandar la mantequilla durante 1 minuto al 50%. ■ Sacarla y añadir la cebolla muy picada, tapar el recipiente con plástico

transparente y repetir durante 4 minutos al 100%. ■ Añadir la harina, mover bien para que se rehogue, agregar la leche poco a poco, sazonar con sal y pimienta y dejar en el microondas hasta que termine de hacerse durante 4 minutos. ■ Abrir el aparato y mover la salsa cada minuto.

Nota: Es una salsa muy adecuada para acompañar la ternera o el pollo asado cuando se haya terminado la salsa propia.

SALSA DE CHOCOLATE

Ingredientes (para 1/4 de litro): 1 vaso de azúcar. 1 vaso de agua. 8 cucharadas soperas de cacao amargo en polvo de la mejor calidad.

Tiempo de preparación: 10 minutos.

Calorías: 737, para 1/4 litro.

■ Poner el azúcar en un recipiente alto de boca ancha con capacidad para 1/2 litro, añadir el agua y mover hasta disolver el azúcar. ■ Introducirlo en el microondas durante 5 minutos, comprobar que el almíbar está a punto de hebra floja y, en caso contrario, mantenerlo algunos minutos más. ■ Sacarlo, añadir de golpe el cacao en polvo y mover con una cuchara para que se disuelva sin formar grumos. ■ 1/2 minuto en el horno y listo para servir.

Nota: Es una salsa de chocolate muy indicada para acompañar a helados, mantecados y bocaditos de nata.

SALSA DE FRAMBUESA

Ingredientes (para 4 personas): 1 manzana. 1 cebolla pequeña. El zumo de 1/2 limón. 1/2 bote de confitura de frambuesas. 1/2 bote pequeño de mostaza Savora. 1 taza de salsa de asado (de carne de caza, de cerdo, de rosbif, de pollo o de cualquier ave...).

Tiempo de preparación: 20 minutos.
Calorías: 175.
▪ Rallar la manzana y la cebolla, añadir el zumo de limón, cubrirlo de agua y cocer 4 minutos al 100%. ▪ Agregar la mostaza y la confitura de frambuesas y mantenerlo 1 minuto al 75%. ▪ Incorporar la salsa del asado, comprobar el punto de sazón y calentarla al momento de servir.
Nota: Esta salsa es especial para todo tipo de caza, carne de cerdo y fiambres.

SALSA DE TOMATE (Con tomates de lata)

Ingredientes (para 4 personas): 1 bote de kilo de tomates pera. 4 cucharadas de aceite. 1 diente de ajo. 1 zanahoria mediana. 1 cucharada de azúcar. Sal y pimienta.
Tiempo de preparación: 30 minutos.
Calorías: 195.
▪ Picar el diente de ajo pelado y rallar la zanahoria, pelada y lavada. ▪ Ponerlos con aceite en un recipiente y hacerlos durante 3 minutos al 100%. ▪ Escurrir los tomates del líquido de la lata y exprimirlos uno a uno con la mano, ponerlos sobre el ajo y la cebolla y, tapados para que no salpique, siempre que se permita la evaporación, hacerlos 15 minutos. ▪ Sazonar los tomates con sal, azúcar y pimienta y terminar de machacarlos con el tenedor o la espumadera. ▪ Introducirlos de nuevo en el horno durante 3 minutos, tapados, pero permitiendo la evaporación. ▪ Comprobar el punto y servir.
Nota: Si no estuvieran bien triturados, se pueden pasar por el pasapuré. Igual que si resultase una salsa algo líquida, como consecuencia de no haber escurrido bien los tomates, se puede consumir al fuego, siempre tapada para que no salpique.

SALSA DE TOMATE (Con tomates frescos)

Ingredientes (para 4 personas): 1 kilo de tomates. 4 cucharadas de aceite. 1 cebolla. 1 diente de ajo. 1 cucharada de azúcar. Sal.
Tiempo de preparación: 45 minutos.
Calorías: 195.
■ Dar un corte en forma de cruz a los tomates en el polo opuesto a la inserción del tallo. ■ Llenar un bol con agua y hervir durante 5 minutos al 100%. ■ Introducir los tomates y dejar que se escalden 5 minutos, escurrirlos y pelarlos. ■ Cortarlos a la mitad y suprimir el jugo y las semillas, cortarlos en trozos. ■ Poner el aceite en un recipiente con tapa, añadir la cebolla y el ajo, tapar y hacer 5 minutos. ■ Añadir el tomate y sazonar con azúcar y sal. ■ Moverlo y meterlo en el horno, cubierto con una tapadera con agujeros para que no salpique, 15 minutos, moviéndolo a mitad de tiempo. ■ Repetir 15 minutos, parando para mover. ■ Triturarla en la batidora y volver a calentarla para que recupere el color.
Nota: Si se quiere una salsa de tomate espesa hay que poner una zanahoria rallada o picada fina, para que espese, y consumirla a fuego vivo.

SALSA DE TOMATE A LA ITALIANA

Ingredientes (para 4 personas): 400 gramos de tomates pera de lata escurridos. 2 cucharadas de aceite. 1 cebolla pequeña. 1 diente de ajo. Orégano, sal, pimienta y azúcar.
Tiempo de preparación: 20 minutos.
Calorías: 110.
■ Pelar y picar la cebolla y el ajo. ■ Escurrir uno a uno los tomates, estrujándolos con la mano, y picarlos. ■ Poner en

un recipiente grande el aceite, la cebolla y el ajo. ■ Sazonar con sal, pimienta y orégano. ■ Introducir el recipiente en el microondas, destapado, durante 5 minutos al 100%. ■ Comprobar el punto de sazón y añadir una cucharada de azúcar para contrarrestar la acidez del tomate; siempre que haga falta.

Nota: Esta salsa de tomate es muy rica para pizzas o pasta, añadiendo anchoas y aceitunas negras picadas.

SALSA MORNAY

Ingredientes (para 4 personas): 1 litro de leche. 2 cucharadas de mantequilla. 2 cucharadas de harina. 100 gramos de queso rallado *gruyère*. Unas ralladuras de nuez moscada. Sal y pimienta.

Tiempo de preparación: 15 minutos.

Calorías: 325.

■ Poner la mantequilla en un recipiente con capacidad para 1 1/2 litro, y meterlo en el horno durante 1/2 minuto al 75%. ■ Sacarla, añadir la harina y repetir 1 minuto al máximo de potencia. ■ Calentar la leche durante 7 minutos. ■ Verter la leche sobre la harina rehogada, sazonar, agregar el queso rallado, batir enérgicamente y hacer 2 minutos al máximo de potencia. Batir y mantener 2 minutos más. ■ Comprobar el punto y batir con fuerza.

Nota: La salsa mornay es un buen acompañamiento para carnes blancas, pollo cocido, huevos, pescados, arroz blanco...

SALSA PARA CERDO Y CAZA

Ingredientes (para 4 personas): 200 gramos de ciruelas pasas deshuesadas. 1 benjamín de cava. 1 cucharadita de Maizena.

1 cucharadita de caldo concentrado en polvo. 1 cucharadita de azúcar. 1 vaso de vino con nata líquida. Sal, pimienta y nuez moscada.

Tiempo de preparación: 15 minutos.

Calorías: 325.

■ Picar las ciruelas, cubrirlas con el cava y tapar el recipiente con su tapa o, en su defecto, con *film*. ■ Meterlo en el horno durante 5 minutos al 75% de potencia. ■ Añadir el caldo en polvo, la nuez moscada, el azúcar y una pizca de sal (el caldo es salado). ■ Moverlo, tapar y cocer 2 minutos al 100%. ■ Disolver la Maizena en unas cucharadas de agua, sacar la salsa, agregar la Maizena, mover y cocer 1 minuto más. ■ Moverlo, incorporar la nata líquida, comprobar el punto y, antes de servir, darle un calentón de 1/2 minuto si estaba templada, o más tiempo si ya estuviera fría.

Nota: Esta salsa es muy apropiada para acompañar al lomo de cerdo y al pollo a la sal. También a cualquier asado de caza, o simplemente a un asado al que se le haya terminado la salsa.

SALSA ROSA

Ingredientes (para 4 personas): 1 vaso de mayonesa. 4 cucharadas de *ketchup*. Unas gotas de tabasco, de salsa Perrins y de *brandy*.

Tiempo de preparación: 10 minutos.

Calorías: 200.

■ Mezclar la mayonesa con la salsa *ketchup* y sazonarla con las gotas de tabasco, de salsa Perrins y el chorrito de *brandy* hasta que quede al gusto.

Nota: Aunque en esta preparación no se emplea el microondas, la hemos incluido porque se utiliza mucho para cubrir pasteles fríos y huevos rellenos o *pochés*.

SALSA 'TOFEE'

Ingredientes: (para 1/4 litro): 1 vaso de azúcar. 4 cucharadas de agua. 1 vaso de nata líquida.
Tiempo de preparación: 15 minutos.
Calorías: 480 en 1/4 de litro.
■ Calentar la nata líquida al 100% durante 1 minuto. ■ Poner el azúcar en un recipiente profundo de boca ancha, con capacidad para 1 litro, y mojarla con las 4 cucharadas de agua. ■ Meter en el horno 4-5 minutos, moverlo para que el caramelo se haga por igual. ■ Añadir a chorrito la nata líquida, moviendo para que se deshaga el caramelo; siempre con la mano protegida con un guante de cocina o manopla, porque, como ya hemos dicho, el caramelo salta y es muy peligroso.
Nota: Esta crema *tofee* es muy apropiada para acompañar helados y tartas de queso; pero se debe emplear lo más pronto posible y guardarla en la nevera si se reserva de un día para otro.

TOMATES CONFITADOS

Ingredientes (para 4 personas): 1 lata de tomates pera al natural. 12 cucharadas de azúcar. 12 cucharadas de aceite. Una pizca de romero, sal y pimienta.
Tiempo de preparación: 20 minutos.
Calorías: 500.
■ Escurrir los tomates del líquido de la lata y exprimirlos con la mano, uno a uno, sin que se rompan. ■ Colocarlos extendidos en un recipiente alargado, añadir el azúcar, el aceite, el romero, la sal y la pimienta. ■ Introducir el recipiente en el horno, cubrirlo con la tapa de agujeros para que no salpique y ponerlo en funcionamiento durante 15 mi-

nutos al 100%. ■ Darle la vuelta cada 5 minutos y luego dejarlos reposar destapados durante 1 minuto. ■ Comprobar que se ha consumido todo el jugo y, en caso contrario, mantenerlo unos minutos a fuego vivo, cuidando de que no se rompan los tomates. ■ Servirlos como guarnición de pescados.

Nota: Estos tomates son excelentes para formar pasteles a capas con otras verduras. Incluso también para rematar con lonchas de queso de cabra y gratinar en el microondas.

VINAGRETA TEMPLADA

Ingredientes (para 4 personas): 1 tomate rojo grande. 1 pimiento verde fino. 1 cebolleta blanca, cebollino. 1 zanahoria tierna. 9 cucharadas de aceite. 3 cucharadas de vinagre de vino. 1 cucharadita de azúcar. Sal y pimienta blanca.

Tiempo de preparación: 20 minutos.

Calorías: 235.

■ Dar un corte en forma de cruz al tomate en la zona opuesta a la intersección del tallo. ■ Llenar un bol, donde quepa el tomate, con agua y hervirlo durante 2 minutos al 100%. ■ Introducir el tomate en el agua hirviendo para escaldarlo 2-3 minutos. ■ Sacarlo y, en cuanto se pueda tocar con las manos, pelarlo. ■ Picar el tomate en dados, después de despojarlo de las pepitas; también el pimiento lavado, la zanahoria raspada y lavada, la cebolleta limpia y en rodajas, y el cebollino en trocitos. ■ Disolver el azúcar y la sal en el vinagre, añadir el aceite y las hortalizas picadas y hacer 5 minutos al 100%. ■ Servirla templada.

Nota: Esta vinagreta es excelente para acompañar a pescados cocidos.

Zanahorias glaseadas

Ingredientes (para 4 personas): 1/4 kilo de zanahorias. 2 cucharadas de azúcar. 2 cucharadas de vinagre de vino. 2 cucharadas de mantequilla. Sal y pimienta.
Tiempo de preparación: 15 minutos.
Calorías: 120.
■ Raspar las zanahorias, lavarlas y cortarlas en rodajas finas. ■ Colocarlas en un recipiente con el azúcar, el vinagre y la mantequilla; sazonar con sal y pimienta y añadir 1/2 vaso de agua. ■ Introducir el recipiente tapado en el horno 8 minutos al 100%, dando la vuelta a las zanahorias hacia la mitad del proceso. ■ Moverlo y, si quedara exceso de líquido, repetir 2 minutos con el recipiente destapado, hasta que casi empiecen a caramelizarse las zanahorias. ■ Servirlas como guarnición de carnes, aves e incluso pescados.
Nota: Las zanahorias se pueden acanalar antes de cortarlas, para que, al hacer las rodajas, queden como estrellas.

Caldo de ave

Ingredientes (para 4 personas): 2 caparazones de pollo. 1 zanahoria. 1 puerro. 1/2 cebolla pinchada. 3 clavos. Perejil y sal.
Tiempo de preparación: 30 minutos.
Calorías: 25.
■ Raspar la zanahoria, quitar las zonas verdes más duras al puerro y pelar la cebolla. ■ Cortar la cebolla a la mitad y pincharle los clavos. ■ Lavar los caparazones, el perejil y las hortalizas y cortar todo en trozos pequeños. ■ Poner estos ingredientes en un recipiente amplio, cubrirlos de agua, sazonar prudentemente e introducir en el microondas. ■ Programar al 100% durante 20 minutos. ■ Sacarlo, colarlo, añadir agua hasta llegar a 1 litro y comprobar el punto de sal.
Nota: Con este caldo se puede hacer sopa, arroz o calificarlo como consomé y servirlo con pechuga cocida y picada, trocitos diminutos de jamón y dados muy pequeños de pan frito o de flan Royal.

Caldo de pescado

Ingredientes (para 4 personas): 1/2 kilo de cabezas y espinar de pescado blanco o de morralla (pescaditos pequeños especiales para hacer caldo). 1 zanahoria. 1 puerro. 1/2 cebolla. Sal. Si fuera posible las cabezas de 1/4 kilo de gambas frescas

y crudas o de langostinos. Optativo: unas gotas de tabasco o un polvillo de pimienta.
Tiempo de preparación: 45 minutos.
Calorías: 25.
■ Lavar las cabezas y espinas del pescado y de las gambas (o los langostinos, si los hubiera). ■ Raspar la zanahoria, pelar la cebolla y el puerro; lavar todo y trocear. ■ Poner todos los ingredientes en un recipiente hondo, cubrirlos de agua, sazonarlos con sal, tapar y meter en el horno 15 minutos. ■ Colar las espinas apretando bien para exprimir todo el jugo de las cabezas de las gambas o langostinos y añadir agua hasta completar 1 litro. ■ Comprobar el punto de sal, rectificar y añadir, si se desea, unas gotas de tabasco o pimienta.
Nota: Este caldo puede ser la base de una sopa de pescado; también de un arroz de pescado o de una salsa.

Crema de aguacate

Ingredientes (para 4 personas): 2 aguacates. 1/2 litro de agua. 1 pastilla de caldo de verduras. 1 cebolla. 1 yogur natural sin azúcar. 1 cucharadas de nata líquida. Perejil, sal y pimienta.
Tiempo de preparación: 30 minutos.
Calorías: 205.
■ Pelar la cebolla, picarla muy fina y reservarla. ■ Calentar el agua con la pastilla de caldo desmenuzada durante 3 minutos o hasta que se deshaga. ■ Cortar a la mitad los aguacates, quitarles el hueso central dando un golpe seco con el cuchillo y tirando de él, pelarlos y cortarlos en trozos. ■ Llevar a cabo la operación rápidamente, para que no se oxiden y evitar añadir limón, que siempre le da un toque amargo. ■ Introducir los trozos de aguacate, la cebolla y el yogur en el caldo, triturar, sazonar con sal y pimienta y guardar en la nevera. ■ Servir la crema fría con un chorreón de nata líquida en el centro y espolvoreada con perejil picado.

Nota: Los aguacates deben estar maduros, para que se desprenda bien la piel y el hueso; pero si están pasados, dan mal sabor y proporcionan una coloración oscura.

CREMA DE ALCACHOFAS

Ingredientes (para 4 personas): 1 kilo de alcachofas. 3/4 litros de caldo de verduras. 1/4 litro de leche. 2 cucharadas de mantequilla. 2 cucharadas rasas de harina. 8 cucharadas de nata líquida. Sal, pimienta, nuez moscada y perejil.
Tiempo de preparación: 30 minutos.
Calorías: 290.
■ Quitar el tallo a las alcachofas y raspar, cortar la zona dura y las hojas exteriores, eliminar la pelusa del centro. ■ Lavar las alcachofas y los tallos y colocarlos en un recipiente hondo con el caldo de verduras. ■ Cocer 5-6 minutos al 100%; reservar. ■ Fundir la mantequilla 30 segundos, mezclar la harina y rehogar 1 minuto. ■ Calentar la leche 1 1/2 minuto y verterla sobre la harina; sazonar con sal, pimienta y nuez y mover enérgicamente para mezclar todo muy bien. ■ Tapar y cocer de nuevo, 5-6 minutos, moviendo cada 2. ■ Triturar las alcachofas con el caldo resultante de su cocción, mezclarlas con la besamel y hacer 2 minutos. ■ Añadir la nata, aclarar con más caldo, si fuera necesario, y servir espolvoreada de perejil picado.
Nota: Esta crema es una delicia, pero hay que hacerla con alcachofas frescas, porque los conservantes dejan un sabor especial. Tampoco se deben frotar las alcachofas con limón, para no desvirtuar su sabor.

Crema de ave

Ingredientes (para 4 personas): 1 litro de caldo de ave. 1 cucharadas de Maizena. 4 cucharadas de jerez oloroso. 4 cucharadas de nata líquida. 2 yemas de huevo. Sal y pimienta. Cuadraditos de pechuga cocida picada, de jamón y pan frito —todo muy menudo— para acompañar.
Tiempo de preparación: 15 minutos, partiendo del caldo hecho.
Calorías: 160.
■ Calentar el caldo de pollo durante 10 minutos. ■ Disolver la Maizena en unas cucharadas de leche fría, añadirla al caldo, mover y hacer 1 minuto al 75%. ■ Deshacer las yemas en la nata líquida, añadir el jerez y sacar el caldo del microondas. ■ Agregar la mezcla anterior sin dejar de mover el caldo. ■ Comprobar el punto y servirlo con los dados de pan, jamón y pechuga.
Nota: Si se prepara el caldo especialmente para esta crema, cocer alguna pechuga 10 minutos, para que, al picarla, no esté correosa. Añadirla al caldo cuando éste esté hirviendo.

Crema de berros

Ingredientes (para 4 personas): 1 manojo de berros. 2 patatas grandes. 1 cubito de caldo. 1/2 litro de agua. 1 cebolla. 4 cucharadas de aceite. 4 cucharadas de nata líquida. Sal y pimienta.
Tiempo de preparación: 20 minutos.
Calorías: 225.
■ Pelar y picar la cebolla y ponerla con aceite en un recipiente amplio; hacerla 5 minutos al 100%. ■ Limpiar los berros, lavándolos en varias aguas, y centrifugarlos; picarlos. ■ Sacar la fuente, añadir los berros y las patatas peladas, lavadas y corta-

das en rodajas finas; cubrir con el agua y añadir el cubito de caldo desmenuzado. ■ Tapar y cocer 15 minutos. ■ Triturarlo y añadir nata líquida. ■ Comprobar el punto de sazón y rectificarlo en su caso.

Nota: Los berros deben ser de cultivo de confianza. Además hay que lavarlos muy bien, e incluso se recomienda poner una cuchara de lejía por cubo en el agua al lavarlos.

CREMA DE CHAMPIÑONES

Ingredientes (para 4 personas): 1/2 kilo de champiñones. 1 cebolla. 2 dientes de ajo. 1 cucharada de mantequilla. 1 litro de caldo de verduras. 2 cucharadas de harina. 4 cucharadas de nata líquida. Sal, pimienta y perejil.

Tiempo de preparación: 45 minutos.

Calorías: 135.

■ Quitar el pie terroso a los champiñones, lavarlos y filetearlos; pelar y picar la cebolla muy fina; pelar y cortar los dientes de ajo en láminas. ■ Fundir la mantequilla durante 30 segundos al 50%; sacarla y agregar la cebolla y el ajo picados. ■ Meter en el horno y hacerlos, destapados, 5 minutos al 100%. ■ Añadir la harina y rehogar 1 minuto. ■ Incorporar el caldo poco a poco, sin parar de mover con las varillas. ■ Añadir los champiñones fileteados, sazonar y tapar la cacerola con su tapa o plástico de cocina; cocer 6 minutos, hasta que los champiñones estén tiernos. ■ Triturarlo todo hasta conseguir una crema; añadir la nata líquida, mezclar, comprobar el punto y servirla espolvoreada de perejil picado y un chorreón de nata líquida.

Nota: Esta crema se puede servir acompañada de picatostes diminutos o de pan frito. También se puede tomar fría, porque el sabor del champiñón es tan potente que resalta a pesar de las bajas temperaturas.

Crema de guisantes

Ingredientes (para 4 personas): 200 gramos de guisantes congelados. 1 cebolla blanca nueva. 4 cucharadas de aceite. 4 cucharadas de nata líquida. 1/4 litro de caldo de verduras (puede ser de pastilla). 8 hojas de menta. Una punta de laurel. 1 cucharadita de azúcar, sal y pimienta.
Tiempo de preparación: 25 minutos.
Calorías: 180.
■ Pelar la cebolla, cortarla en rodajas finas y ponerla con aceite en un recipiente tapado durante 5 minutos al 100%. ■ Añadir los guisantes congelados, las hojas de menta, la punta de laurel, el azúcar, la sal y la pimienta y mantener 15 minutos. ■ Triturar con ayuda del caldo, colar para que quede una crema fina y hacerlo 3 minutos más, si se desea, en la fuente de servir, siempre que ésta no sea metálica. ■ Agregar la nata líquida y rectificar el punto de sazón.
Nota: Esta crema se puede preparar si sobran guisantes a la francesa, añadiendo caldo de verduras, nata y rectificando el punto de sazón.

Crema de mejillones

Ingredientes (para 4 personas): 1 kilo de mejillones. 2 cucharadas de mantequilla. 2 cucharadas de harina. 1 litro de caldo de pescado. 1 vaso de vino blanco. 2 yemas. 8 cucharadas de nata líquida. Sal y pimienta.
Tiempo de preparación: 20 minutos.
Calorías: 385.
■ Raspar las conchas, tirar de las barbas, cortarlas y lavar bajo el grifo los mejillones. ■ Ponerlos en una fuente con dos cucharadas de agua, tapar y cocer 3 minutos al 100%. ■ Poner en un cuenco la mantequilla con la harina, mezclar y añadir el

caldo, el vino blanco, el jugo de abrir los mejillones, sal y pimienta. ■ Cocer 5 minutos, sacar, mover y hacer 3 minutos más. ■ Mover de nuevo y agregar las yemas disueltas en la nata; sazonar. ■ Quitar las conchas a los mejillones, picarlos y añadirlos a la crema. ■ Dar un calentón de 1 minuto al 75%, para que no se corten las yemas y servir, espolvoreada con perejil picado.
Nota: Es una crema de mejillones al estilo francés. Se puede servir caliente en invierno y fría en verano.

Crema de melón

Ingredientes (para 4 personas): 1 melón de 2 kilos. 2 puerros. 1/2 cebolla. 1 patata. 3/4 litros de caldo. 1 vaso de vino con nata líquida. 3 cucharadas de aceite. 2 lonchas de jamón serrano y sal.
Tiempo de preparación: 30 minutos.
Calorías: 285.
■ Pelar y picar la cebolla y picar la parte blanca de los puerros, ponerlos en un recipiente grande con aceite y hacer 5 minutos a potencia máxima. ■ Añadir la patata pelada, lavada y cortada en trozos; cocer 2 minutos. ■ Agregar la pulpa de melón cortada en trozos, reservando una parte para adornar, y repetir 3 minutos. ■ Calentar el caldo 3 minutos, incorporarlo a las patatas, puerro y melón, y sazonar. ■ Meter en el horno 5 minutos, hasta que las patatas estén tiernas. ■ Sacar, triturar, añadir la nata y rectificar el punto de sazón y consistencia. ■ Hacer bolas pequeñas con el melón reservado. ■ Servir la crema fría con las bolas de melón y el jamón en juliana.
Nota: Se debe elegir un melón muy perfumado (comprobar al comprarlo). Tiene que estar tierno en los polos y exhalar un delicioso aroma.

Puré muselina

Ingredientes (para 4 personas): 1/2 kilo de patatas. 1 vaso de agua hirviendo. 1 vaso de vino con leche caliente. 1 vaso de vino con nata líquida. 2 cucharadas de mantequilla. Sal, nuez moscada y picadillo de jamón para acompañar.
Tiempo de preparación: 20 minutos.
Calorías: 350.
■ Poner en una fuente refractaria las patatas peladas, lavadas y cortadas en trozos; cubrirlas con agua hirviendo y cocerlas 6 minutos al 100%. ■ Mover y repetir 6 minutos más. ■ Pasarlas por el pasapuré con el jugo que quede de la cocción. ■ Añadir la leche caliente, la nata líquida y la mantequilla; sazonar con sal y nuez moscada y batir hasta que quede una crema homogénea. ■ Servir en taza, acompañado de un picadillo de jamón serrano y, si se quiere, de unos picatostes diminutos.
Nota: Debe quedar una crema ni clara ni espesa; para lo cual es conveniente rectificar el punto de grosor añadiendo algo más de leche y, naturalmente, rectificar el punto de sazón.

Sopa campesina

Ingredientes (para 4 personas): 1 pechuga de pollo. 1 cebolla. 1 zanahoria. 2 puerros. 2 patatas. 200 gramos de judías verdes. 4 cucharadas de aceite. Sal. Pimienta. 4 rebanadas grandes y finas de pan, untadas con ajo y aceite de oliva virgen.
Tiempo de preparación: 35 minutos.
Calorías: 230.
■ Pelar las patatas, las cebollas y el puerro; raspar las zanahorias y quitar las hebras a las judías verdes; lavar todo y cortar en dados. ■ Cortar la pechuga en dados también. ■ Poner el aceite en un recipiente refractario grande, calentarlo 2 minutos al 100% y dorar la pechuga sazonada 2 minutos con el *grill*

encendido. ■ Añadir las verduras, moverlo y rehogar 4 minutos con el *grill* encendido. ■ Añadir 1 litro de agua, sazonar con sal y pimienta y cocer 10 minutos. ■ Comprobar el punto de sazón y servir la sopa con rebanadas finas de pan untadas con ajo y aceite.
Nota: En lugar de la pechuga de pollo, se puede emplear un trozo de jamón de cerdo blanco.

SOPA DE AJO

Ingredientes (para 4 personas): 2 dientes de ajo. 6 cucharadas de aceite. 8 rebanadas finas de pan de barra. 1/2 cucharadita de pimentón. 1 litro de caldo de carne o de pollo (también se puede emplear pastilla).
Tiempo de preparación: 15 minutos.
Calorías: 175.
■ Pelar y cortar en rebanadas finas los dientes de ajo. ■ Calentar el aceite en una cazuela de barro 1 minuto al 100%. ■ Freír los dientes de ajo en el aceite 1 minuto al 50%. ■ Sacar la cazuela, poner el pan en el aceite y darle la vuelta para que se fría por el otro lado. ■ Añadir el pimentón fuera del microondas, moverlo y cubrir con el caldo. ■ Meter de nuevo en el horno y servir.
Nota: Ésta es la sopa de ajo simple. Se pueden añadir rodajas de chorizo y tacos de jamón al tiempo que el pan y meterlas 1/2 minuto en el microondas, o escalfar huevos.

SOPA DE ATÚN EN ACEITE

Ingredientes (para 4 personas): 1 lata de atún en aceite de 150 gramos (se puede comprar suelto de buena calidad). 1 tomate grande y maduro. 1 cebolla mediana. 1 diente de ajo.

3 cucharadas de aceite de oliva. 100 gramos de pan de barra de víspera. Sal, pimienta y perejil picado.
Tiempo de preparación: 20 minutos.
Calorías: 180.

■ Dar un corte al tomate en forma de cruz en la zona opuesta al tallo. ■ Calentar agua en un bol donde quepa el tomate durante 2 minutos al 100%, introducir el tomate y dejarlo escaldar 3 minutos. ■ Pelarlo en cuanto se pueda tocar y pelar, y picar el ajo y la cebolla. ■ Ponerlos con aceite en un recipiente con capacidad para 1 litro y meterlos destapados en el horno 2 minutos. ■ Incorporar el tomate picado sin pepitas y el atún desmenuzado y dejarlos 5 minutos más. ■ Calentar 1 litro de agua 10 minutos, verterla sobre el refrito, sazonar y repetir la operación 5 minutos; comprobar el punto de sazón. ■ Cortar el pan en rebanadas finas y tostarlas; colocarlas en el fondo de una fuente y verter encima la sopa. ■ Servirla espolvoreada de perejil picado.

Nota: Es una sopa casera; una solución rápida con ingredientes que se suelen tener en casa.

SOPA DE CEBOLLA

Ingredientes (para 4 personas): 2 cebollas grandes. 6 cucharadas de aceite. 8 rebanadas de pan de barra tostado. 75 gramos de queso rallado *gruyère*. 1 litro de caldo de pollo. 2 huevos. Sal y pimienta.
Tiempo de preparación: 40 minutos.
Calorías: 285.

■ Pelar y cortar la cebolla en aros muy finos y ponerla con el aceite en un recipiente con tapa. ■ Meterla tapada en el microondas al 100% durante 10 minutos. ■ Añadir el caldo y la mitad del queso, tapar y repetir 5 minutos. ■ Incorporar las rebanadas de pan tostado, cubrir la superficie con los huevos

batidos y sazonados, espolvorear en el resto del queso y gratinar destapado 5 minutos con el *grill* encendido.
Nota: Si se hace en un recipiente ancho y se añade algo más de pan es una sopa exquisita para tomar con tenedor. Como se explica es la clásica «sopa de *minuit*» de los franceses.

Sopa de cebolla al jerez

Ingredientes (para 4 personas): 2 cebollas. 2 cucharadas de aceite. 4 cucharadas de jerez seco. 1 pastilla de caldo de carne. 4 vasos de agua caliente. 4 tostadas de pan. 4 lonchas de queso que funda bien. Sal y pimienta.
Tiempo de preparación: 30 minutos.
Calorías: 130.
■ Pelar las cebollas y cortarlas en aros. ■ Ponerlas en un recipiente con 2 cucharadas de aceite, tapar y hacerlas 10 minutos al 100%, parando para mover a mitad de cocción. ■ Cuando estén blandas, añadir 4 cucharadas de jerez seco, espolvorear con la pastilla de caldo de carne desmenuzada y echar agua caliente. ■ Tapar y mantener en el microondas 3 minutos. ■ Rectificar el punto de sal y poner la sopa en 4 cuencos. ■ Colocarlos de forma simétrica en el plato giratorio y cocer 4 minutos al 70%, moviéndolos dos veces. ■ Poner sobre cada cuenco una tostada con una loncha de queso y gratinar 2-3 minutos, hasta que se funda el queso.
Nota: Es una sopa de cebolla distinta, pero muy agradable.

Sopa de pescado

Ingredientes (para 4 personas): 1 litro de caldo de pescado. 150 gramos de gambas peladas. 150 gramos de calamares tiernos en anillas. 150 gramos de rape. 150 gramos de almejas

o chirlas. Un refrito (*véase en Preparados auxiliares*). Unas gotas de oloroso. Rebanadas de pan frito. Rodajitas finas de limón.
Tiempo de preparación: 30 minutos.
Calorías: 115.
■ Preparar el caldo de pescado según la receta correspondiente. ■ Lavar las almejas o chirlas, colocarlas en un recipiente amplio, cubrirlas de agua con una pizca de sal y cocer 2 minutos al 100%. ■ Sacarlas, escurrirlas, dejar reposar el agua y colarla sobre el caldo. ■ Quitar una concha a las chirlas o almejas y reservar los moluscos. ■ Cortar el rape en dados y ponerlo junto a las anillas de calamar, ambos sazonados, con aceite en un recipiente bajo con tapa de agujeros, para que no salpique. ■ Meterlo en el horno 3 minutos, sacarlo, añadir las gambas sazonadas y mantenerlo 1 minuto más. ■ Escurrir los pescados y reservarlos en la sopera junto a las almejas o chirlas, las rebanaditas de pan frito y las rodajas de limón. ■ Completar el aceite sobrante de los pescados y hacer en el mismo recipiente el refrito. ■ Mezclar el refrito con el caldo, hacerlo 5 minutos y verterlo en la sopera sobre los pescados, pan y rodajas de limón.
Nota: Al comprobar el punto de la sopa, añadirle unas gotas de oloroso y otras de tabasco; al gusto.

SOPA DE PUERROS

Ingredientes (para 4 personas): 3 puerros. 1 cebolla mediana. 1 patata mediana. 6 cucharadas de aceite. 3/4 litros de caldo de ave. 8 cucharadas de nata líquida, sal y pimienta.
Tiempo de preparación: 25 minutos.
Calorías: 230.
■ Limpiar, lavar y cortar en rodajas los puerros y la cebolla; la patata en dados. ■ Ponerlos con aceite en un recipiente amplio y hacerlos 10 minutos al 100%. ■ Añadir el caldo y repe-

tir otros 10 minutos. ■ Comprobar el punto de sazón y que el caldo de la sopa se haya trabado por haberse deshecho la patata (así es como debe quedar). ■ Añadir la nata líquida y servirla caliente, espolvoreada de cebollino picado.
Nota: Si se tritura y se sirve fría, es otra receta: *vichyssoise*, muy agradable también.

SOPA DE TOMATE

Ingredientes (para 4 personas): 3/4 kg de tomates. 1 patata. 1 puerro. 1 cucharada de arroz. 2 cucharadas de mantequilla. 1 cucharada de azúcar. 4 cucharadas de nata líquida. Sal.
Tiempo de preparación: 20 minutos.
Calorías: 180.
■ Lavar los tomates, cortarlos en trozos y colocarlos en un recipiente con la mantequilla, el azúcar, la sal, el puerro limpio y en trozos, la patata pelada, lavada y en trozos también, y el arroz. ■ Cubrirlo todo con agua y meterlo en el horno 10 minutos. ■ Triturarlo y repetir otros 10 minutos. ■ Sacarlo, rectificar el punto de sazón, añadir la nata líquida y servir.
Nota: Esta sopa sale mucho más rica con tomates naturales y, si son de temporada, tanto mejor. Pero también se puede hacer con tomates pera de lata, escurridos del líquido en el que se conservan.

'VICHYSSOISE'

Ingredientes (para 4 personas): 1 kilo de puerros. 2 patatas. 1 vaso de nata líquida. 1/2 litro de caldo de verduras. 2 cucharadas de mantequilla. 1 cebolla. Sal y pimienta.
Tiempo de preparación: 45 minutos.
Calorías: 225.

■ Pelar y picar la cebolla, ponerla en un recipiente con la mantequilla y freír 3 minutos al 100%. ■ Añadir la parte blanca de los puerros picada, tapar y hacerlo durante 10 minutos. ■ Pelar, lavar y cortar las patatas en rodajas y añadirlas a la cebolla y al puerro; cocer 5 minutos a potencia media. ■ Regar con el caldo y la nata y cocer tapado otros 10 minutos. ■ Sacar el recipiente, triturar o pasar por la batidora hasta obtener una crema homogénea, comprobar el punto de sal y de consistencia, rectificar en su caso y guardarla en la nevera. ■ Servirla fría, espolvoreada con cebollino picado.

Nota: La *vichyssoise* es un clásico que no requiere más que puerros muy tiernos y sabrosos y seguir las instrucciones para conseguir un plato delicioso. Se debe hacer con mantequilla, aunque nosotros seamos partidarios del aceite de oliva. Jamás con margarina.

Índice de Recetas

Patatas, legumbres y verduras

Pescados y mariscos

Postres, pasteles, tartas y helados

Preparados auxiliares

Sopas y cremas

7,00